LOS ESENCIALES DE LA FILOSOFÍA
Colección fundada por Manuel Garrido

Director:
Luis Valdés

La voluntad de creer

Un debate sobre la ética de la creencia

Collage de una fotografía de William James realizada por Alice M. Boughton en 1907 y un retrato de William Kingdon Clifford realizado por John Collier en 1899.

WILLIAM K. CLIFFORD
WILLIAM JAMES

La voluntad de creer

Un debate sobre la ética de la creencia

ESTUDIO PRELIMINAR Y NOTAS DE
LUIS M. VALDÉS VILLANUEVA

TRADUCCIÓN DE
LORENA VILLAMIL GARCÍA

tecnos

Valentín Beato, 21 - 28037 Madrid

PAPEL DE FIBRA CERTIFICADA

ISBN: 978-84-309-9157-0
Depósito legal: M-12707-2024

Printed in Spain. Impreso en España.

Índice

Presentación

Esta nueva edición de *La voluntad de creer. Un debate sobre la ética de la creencia* para la serie *Los esenciales de la Filosofía* de la editorial Tecnos, ha sido revisada (tanto en lo que respecta a la traducción de los textos de William K. Clifford y William James como al estudio introductorio). Cuando se publicó por vez primera (2003) no existía, que yo supiera, ninguna traducción al castellano del ensayo de Clifford. Hoy día (2024), tampoco he sido capaz de encontrar una versión en castellano de dicho ensayo, por lo que, con todas las cautelas, supongo que no existe tal traducción. Sin embargo, disponemos en la actualidad de dos nuevas versiones castellanas de *La voluntad de creer* de William James. La primera de ellas fue publicada en 2004 por Ediciones Encuentro y la segunda (con dos ediciones: 2009, 2012) por Marbot Ediciones. En la revisión que hemos hecho, se ha tenido en cuenta esa circunstancia. Por otra parte, en el estudio preliminar se han hecho algunos cambios, en su mayoría de tipo estilístico. Finalmente, la bibliografía ha sido actualizada con algunas nuevas incorporaciones.

La traducción de los artículos de William K. Clifford, «The Ethics of Belief», y de William James, «The Will to Believe», ha sido llevada a cabo por Lorena Villamil, a quien doy las gracias por su valioso trabajo. Para la traducción se ha utilizado el texto inglés publicado por Timothy J. Madigan en Clifford, W. K., *The Ethics of Belief and Other Essays*, Amherst, Nueva York, Prometheus Books, 1999. Para la traducción española se ha utilizado el texto que aparece en William James, *The Will to Believe and Other Essays in Popular Philosophy*, Nueva York, Londres, Bombay, Calcuta y Madrás, Longmans, Green and Co., 1919. He introducido también tambiénalgunas notas —que se distinguen de las propias de Clifford y James por llevar al final las siglas «ED»— en las que, mayoritariamente, doy información sobre personas y obras citadas, que espero tengan alguna utilidad para el lector.

LUIS M. VALDÉS VILLANUEVA

Estudio introductorio

El derecho de creer

Luis M. Valdés Villanueva

«*Creer algo basándose en una evidencia insuficiente es malo siempre, en cualquier lugar y para todo el mundo*». Con esta sentencia resume William K. Clifford en «La ética de la creencia» [*LEC*] su punto de vista sobre lo que es moralmente permisible creer. La respuesta de William James en «La voluntad de creer» [*LVC*] reza así: «*Una regla de pensamiento que me impidiera completamente conocer ciertas clases de verdad, en el caso de que esas clases de verdad existieran verdaderamente, sería una regla irracional*». El creador de la psicología científica americana experimentó en sus propias carnes el conflicto pascaliano entre las razones del corazón y las del intelecto, y si bien se liberó de su miseria mental y física tomando partido por las primeras, toda su vida le persiguió la obsesión de encontrar fundamentos intelectuales para las decisiones de lo que él denominaba «nuestra naturaleza pasional». Clifford, uno de los más notables portavoces decimonónicos de la conciencia científica y defensor apasionado del veto moral a la fe, era el mejor adversario —sobre todo porque llevaba más de diez años bajo tierra cuando se publicó *LVC*— que James podía elegir. Era seguro que no le saldría respondón como le sucedía con sus estudiantes de Harvard de los que James se quejaba, no sin cierta amargura, en los párrafos iniciales de *LVC*. Ellos le escuchaban sus argumentos a favor de «la legitimidad de la fe voluntariamente aceptada», pero casi a continuación solían darle la espalda con desprecio «incluso en el caso de que personalmente estuvieran llenos a rebosar de algún tipo u otro de fe».

James se mostró muchas veces arrepentido de haber elegido un título para su ensayo en el que el término «voluntad» tuviera tan gran protagonismo —«¿Por qué demonios habré pensado jamás en un título tan poco feliz para mi ensayo?», se preguntaba—[1]. No se trata de que, a diferencia de Clifford, fuese de la opinión de que la voluntad no desempeñaba un papel importante en la forja de las creencias. Más bien, James pensaba que la mención de la voluntad causaba desorientación en el lector al difuminar que el énfasis debía ponerse en la *libertad* de abrazar voluntariamente una fe religiosa o filosófica, en el *derecho* que tiene el creyente a querer creer y, por supuesto, *también* a no querer creer. Su reproche a los «Cliffords» de la época no lo es tanto a que usen la criba de la evidencia para deslegitimar moralmente ciertas creencias, cuanto a la prohibición —ayunos de fundamentos intelectuales— de dar el paso que permita obtener evidencias a favor de una hipótesis filosófica, religiosa, moral o sentimental; la prohibición, en suma, de que tales hipótesis puedan ser tratadas «científicamente». Hay sin duda en estos «temperamentos» opuestos de Clifford y de James una parte

[1] Véase la monumental biografía de James de R. B. Perry [Perry (1935), vol. 2, p. 244]. Las alternativas que consideraba más aceptables eran «El derecho de creer» o «La libertad de creer» y subrayaba que era el «derecho» y no la «obligación», pues defendía que había igual derecho a no creer. Al final de *LVC*, p. 33, lo reconoce cuando dice: «Desde luego, podemos *esperar* si queremos; espero que no piensen ustedes que estoy negando tal cosa». No obstante, cabe también interpretar el ensayo de James como una defensa de la obligación de creer, si «obligación» se entiende aquí como un asunto de prudencia. Véase a este respecto Wernham (1987).

de experiencia personal y también, como señalaremos oportunamente, un distinto ambiente intelectual que los acoge. Pero, después de más de un siglo y medio, la disputa entre estas dos almas filosóficas ni está zanjada, ni parece que vaya a estarlo en el futuro.

He dividido esta introducción en dos partes. La primera está dedicada a presentar la biografía intelectual de los dos protagonistas, William K. Clifford y William James, mientras que la segunda se ocupa de analizar ciertas vicisitudes del debate entre ambos. Al final, el lector podrá encontrar una bibliografía que incluye las direcciones de algunas páginas web sobre esta polémica.

1. LOS PROTAGONISTAS

1.1. WILLIAM KINGDON CLIFFORD (1845-1879)

1.1.1. La «ética de la creencia» en su contexto

El breve período de tiempo que le tocó vivir a Clifford coincide con el momento crucial en que la ciencia se convierte en una fuerza dominante en la sociedad occidental. La irrupción del darwinismo y los apasionados debates a que dio origen en el seno de la sociedad victoriana señalaron la definitiva «declaración de independencia» de las ciencias naturales de la teología. Se trata de una época intelectualmente convulsa que, en bastantes aspectos, se asemeja a una nueva edición de las controversias que la nueva cosmología patrocinó en el siglo XVII. Ahora bien, tanto las consecuencias de la revolución de Copérnico —la insignificancia física de la humanidad en el conjunto del universo— como las de la de Darwin —el hecho de que no seamos más que animales solo un poco más evolucionados que los brutos— pudieron ser asimiladas dentro de las concepciones tradicionales sin pagar un precio demasiado elevado. Pues ni nuestra pequeñez cósmica tenía por qué ser sinónima de desprecio espiritual por parte de nuestro presunto creador, ni la existencia de un desarrollo evolutivo descartaba que hubiera en todo el proceso algún propósito dirigido a la consecución de seres moralmente conscientes. Pero el siglo XIX aportaba un matiz de importante novedad. Del mismo modo que la asimilación teológica y social de las nuevas doctrinas no fue una balsa de aceite —téngase en cuenta que aun hoy en día el creacionismo tiene poderosos defensores—, un notable número de pensadores empezó a presentar la ciencia como la fuente y el modelo de conocimiento que debería suplantar a la «superstición» teológica. Paradigma de esta posición fue el famoso biólogo y filósofo Thomas Henry Huxley (1825-1895) —amigo de Clifford y a quien este admiraba— que proponía una suerte de «naturalismo científico» como substituto de la religión en todas las aspiraciones y necesidades humanas a las que aquella había subvenido hasta entonces. Es en este ambiente donde han de contemplarse las tesis desarrolladas en «La ética de la creencia» [*LEC*] si bien —como intentaré poner de manifiesto en esta introducción— sería un error concebir tanto el famoso artículo de Clifford como la respuesta de William James como dos obras centradas exclusivamente en el problema de la creencia religiosa. Desde luego, es innegable que este problema está presente en el debate, pero no es menos verdad que este se desarrolla dentro de un contexto con horizontes mucho más amplios.

1.1.2. Años de formación

William Clifford, alumno en su niñez de una pequeña escuela local de Exeter, tuvo su educación superior primero en el King's College de Londres y, posteriormente, en el Trinity College de Cambridge donde ingresó en 1863 después de haber obtenido una pequeña beca. Su materia preferida desde muy joven fueron las matemáticas, aunque, ya en Londres, destacaba en literatura y en filología clásica. Se sabe que tenía una tenacidad a toda prueba y que estaba especialmente dotado para el estudio de las lenguas. De hecho, conocía bastante bien el alemán, el francés y el español, idiomas que consideraba importantes para su futura dedicación a las matemáticas. Estudió también griego, árabe y sánscrito como una forma de desafío personal, y escritura jeroglífica como entrenamiento para descifrar enigmas. La originalidad de sus tesis en geometría pronto le hicieron célebre entre sus tutores y al poco de llegar a Cambridge se le invitó a formar parte del selecto club de «Los Apóstoles», que estaba formado por los doce estudiantes más distinguidos de los primeros cursos. Este club, al que pertenecería más tarde Wittgenstein, era una especie de sociedad semisecreta —o, cuando menos, rodeada por una cierta aura de prestigio teñido de misterio— que desempeñaba las funciones de un club de debate no estrictamente académico y donde Clifford, extraordinariamente dotado para la polémica, brillaba con luz propia.

Imagen del Gran Patio del Trinity College de la Universidad de Cambridge en 1870.

1.1.3. El impacto del darwinismo y las nuevas geometrías

Cuando llegó a Cambridge desde Londres, Clifford era un devoto anglicano que, como muchos de sus contemporáneos, pasó por una crisis de fe pero que, a diferencia de lo que le sucedió a la mayor parte de ellos, no le dejó especiales secuelas. Después de un breve período en el que se dedicó de manera intensa al estudio de los escritos de Tomás de Aquino y con el que llegó a abrazar el catolicismo romano, la irrupción de *El origen de las especies* de Darwin y la lectura de los escritos morales del sociólogo y filósofo Herbert Spencer (1820-1903) lo convirtieron en un agnóstico convencido hasta el final de sus días.

Clifford comprendió enseguida la importancia tanto filosófica como social y cultural de las doctrinas de Darwin. Esto es evidente en, por ejemplo, sus doctrinas epistemológicas. Para Clifford, el conocimiento no es otra cosa que una *respuesta biológica* a nuestras transacciones con el mundo. Así, por ejemplo, el que los humanos localicemos objetos en espacios tridimensionales euclídeos es para Clifford el resultado de un proceso evolutivo en el que ciertas experiencias particulares de los sujetos se transforman en capacidades neurológicas de la especie. Desde luego, consideraba que los axiomas de la geometría eran *formas* de la experiencia, pero defendía al mismo tiempo que tales formas no están establecidas por y para siempre, sino que son relativas al momento particular del desarrollo evolutivo. De este modo, lo que en un estadio del proceso era *contenido* de la experiencia puede devenir en *forma* en otro estadio distinto. Es cierto, defiende Clifford, que los axiomas de la geometría como formas de la experiencia son *universalmente verdaderos* de los objetos de nuestras percepciones, pues todas nuestras percepciones de relaciones espaciales han de conformarse a ellos. Son también *necesarios*[2], pues las percepciones compatibles

[2] Obsérvese que «necesario» tiene aquí un sentido peculiar, pues Clifford está dispuesto a aceptar que, dado que la estructura neurológica del hombre depende de los procesos evolutivos, las formas de la experiencia pueden ser diferentes en etapas evolutivas distintas. Esto significa, y de ahí el uso un tanto extraño

con las negaciones de tales axiomas son imposibles. De este modo, los límites de lo que es perceptible, dada la estructura neurológica de los humanos, decretan lo que es conocido *a priori*, mientras que las percepciones cuyas contradicciones no son imperceptibles son conocidas *a posteriori*. Si Kant había determinado los rasgos necesarios del espacio apelando a la introspección, Clifford lo hizo basándose en características neurológicas de la especie que son producto del proceso evolutivo. Desde este punto vista, Clifford se ocupó de mostrar que tanto los espacios euclídeos como los no euclídeos son compatibles con la estructura neurológica de la percepción, con lo que la cuestión de cuál de las distintas geometrías posibles ha de aceptarse se convertía en un asunto meramente externo, un asunto que habría de depender del valor explicativo general de la teoría geométrica concreta que pretendiéramos adoptar.

Clifford fue también uno de los primeros matemáticos ingleses que acogió con interés las geometrías no euclídeas[3] desarrolladas por Bernhard Riemann (1826-1866) y Nikolai Lobachevsky (1792-1856) —de hecho, tradujo al inglés alguna de las obras de Riemann que fueron publicadas en la revista *Nature*—. La curiosidad de Clifford por las geometrías no euclídeas casa perfectamente con su actitud intelectual. Pues el problema que planteaban estos desarrollos no era meramen-

en este contexto del término «necesario», que lo que es necesario en un período de tiempo puede resultar no serlo en otro.

[3] El alemán Georg F. Riemann y el ruso Nicolai Lobachevsky mostraron de forma independiente en el siglo XIX la posibilidad de diseñar un sistema de geometría consistente sin hacer uso del postulado de las paralelas de Euclides. Este resultado —anunciado por vez primera por Lobachevsky en 1826— tenía fuertes implicaciones filosóficas. De hecho, las ideas de Lobachevsky hundían sus raíces en su oposición al idealismo transcendental de Kant —a la sazón «el filósofo» por excelencia— que sostenía que las ideas de espacio, tiempo y extensión eran *a priori* y que la mente imponía ese orden a la experiencia. En el caso del espacio, los axiomas de Euclides eran formas *a priori* de nuestra percepción de las relaciones espaciales. Lobachevsky sostenía, en cambio, que el espacio era un concepto *a posteriori*, un concepto que la mente humana derivaba a partir de la experiencia. Su teoría de la geometría no euclídea era entonces una manera de sustentar esta concepción antikantiana.

te matemático, sino que representaba un serio contratiempo para todos los filósofos y teólogos que defendían la existencia de verdades eternas. Pues ¿qué podría haber más eterno que los axiomas de la geometría euclídea que habían resistido sin erosión alguna más de veinte siglos y que ahora parecían venirse abajo? A partir de 1868, año en el que fue elegido *fellow* del Trinity College de Cambridge, Cilfford desarrolló su faceta de conferenciante —la mayor parte de sus obras publicadas son conferencias por él pronunciadas—. Así, en 1872 defendió el carácter empírico de la geometría en una polémica y provocadora intervención ante los miembros de la British Association. Un par de años antes había presentado la idea de que la materia y la energía eran simplemente tipos diferentes de curvatura del espacio, una concepción que prefiguraba la teoría general de la relatividad de Einstein. A él se debe la introducción de los hoy día conocidos como «espacios de Clifford-Klein» y la prueba de que los espacios de curvatura constante podrían tener estructuras topológicas diversas.

1.1.4. Últimos años: la lucha contra la credulidad

En 1871 Clifford había sido nombrado catedrático de matemática aplicada en el University College de Londres, puesto que ocuparía hasta el final de sus días y donde alcanzó una reputación considerable. Casi inmediatamente fue invitado a formar parte de la London Mathematical Society y de la Metaphysical Society, una de las agrupaciones intelectualmente más distinguidas de la época victoriana[4], que se reunía en Londres nueve veces al año para discutir —muchas veces de manera harto apasionada— sobre problemas fundamentalmente filosóficos y religiosos. Precisamente ante los miembros de esta sociedad —que incluía a personajes tan notables como William

[4] En 1874, cuando tenía veintinueve años y solo le quedaban cinco de vida, Clifford fue elegido *fellow* de la Royal Society, quizás el mayor honor al que, todavía hoy, puede aspirar un científico o un intelectual británico. Se sabe que Clifford, en uno de sus arranques de *enfant terrible*, declinó la oferta alegando que «todavía» era demasiado pronto para ser una persona respetable.

Gladstone, Thomas Henry Huxley, John Ruskin o el arzobispo Henry Manning— pronunció Clifford en 1876 la conferencia «La ética de la creencia», que fue publicada como artículo al año siguiente en la revista *Contemporary Review*. Los argumentos que allí desgranó en contra de la credulidad pública y privada se convirtieron enseguida en objeto de encendidas polémicas de las que no estaban excluidos ciertos resentimientos personales. Pero cuando William James los puso bajo su punto de mira en «La voluntad de creer» (1890), prácticamente nadie se acordaba ya de aquello y Clifford, que sin duda hubiera tenido muchas cosas que replicar, hacía ya más de una década que reposaba en el cementerio de Highgate en Londres.

Fotografía tomada durante el eclipse solar de 1870 en Sicilia, en la que aparece William K. Clifford.

La inagotable curiosidad científica de Clifford le había llevado a participar en 1870 en una expedición científica alrededor de las costas de Sicilia con el objeto de estudiar un eclipse, un viaje que —a pesar del naufragio de su barco cerca de Catania—[5] siempre consideró como una de las experien-

[5] No es casualidad que *LEC* se abra con un relato sobre un armador sin escrúpulos que decide creer, despreciando toda evidencia, que su barco es seguro y permite que se haga a la mar provocando con ello un naufragio.

cias más deliciosas de su vida. Los primeros síntomas de su tuberculosis pulmonar empezaron a causarle problemas muy poco después de haber pronunciado en Londres su conferencia sobre *LEC* y, buscando alivio, decidió trasladarse de nuevo a la zona del mediterráneo de la que tan agradable recuerdo guardaba. Ese viaje se repitió en 1878 mientras su salud iba empeorando a pasos agigantados. Al inicio de 1879, por consejo de su mujer y sus amigos, decidió hacer un viaje a Madeira para huir del crudo invierno inglés. Su estado de salud estaba ya tan deteriorado que falleció a los pocos días de haber sobrevivido a una travesía llena de peligros. Sus amigos de la Royal Society, de la Metaphysical Society y del University College de Londres —entre los que estaban T. H. Huxley, William Spottiswood, el presidente de la Royal Society, el matemático H. J. Smith y los miembros de la Metaphysical Society F. Pollock y Leslie Stephen[6], el que sería el padre de Virginia Woolf— se encargaron de publicar sus escritos que, como se ha dicho, habían sido pronunciados en su mayor parte en forma de conferencias. El propio Bertrand Russell tenía en gran estima la obra y el talante, tanto científico como filosófico, de Clifford. Suyo es el prefacio al conjunto de artículos de Clifford publicado en 1946 bajo el título *The Common Sense of the Exact Sciences* y editado por Karl Pearson.

Su enfermedad no le permitió participar en un acontecimiento en cuya preparación había puesto mucha energía y cariño. En colaboración con Huxley, Clifford había propuesto celebrar en Londres en 1878 —conmemorando el centenario de la muerte de Voltaire— un congreso de librepensadores de todo el mundo con el objeto de debatir sobre los modos de liberar a los pueblos de la Tierra de todo dogma y superstición degradante (un propósito, como se ve, muy en vena decimonónica). La reunión tuvo lugar y fue presidida por Thomas Huxley con un gran éxito de participación. Acudieron más de 500 personas de distintos lugares del planeta y mientras tanto Clifford viajaba hacia Sicilia con la esperanza de recupe-

[6] El artículo que William James dedicó a contestar a Clifford, *LVC*, se abre precisamente con una cita de Leslie Stephen.

rar algo de su salud. Solo pudo escribir unas breves líneas de saludo a los congresistas en las que respondía a los temores de las iglesias organizadas de que la ruina moral de la época estuviese producida por las actitudes liberales y científicas de las que tanto Huxley como él mismo eran firmes defensores. El escepticismo intelectual, les decía Clifford a los congresistas a modo de respuesta, no está más extendido ahora de lo que lo ha estado siempre: en todas las épocas ha habido hombres inteligentes que han cuestionado las estructuras dogmáticas. Pero Clifford veía en el horizonte nuevas razones para ser más optimistas que nunca: la rebelión que había prendido en la sociedad tanto contra la mitología gratuita como contra la organización clerical de las iglesias parecían anunciarlo. Sin duda, Clifford era demasiado optimista.

1. 2. William James (1842-1910)

1.2.1. El ambiente intelectual de Nueva Inglaterra

Aunque Clifford y James pertenecen a la misma generación, el ambiente social y cultural en el que se desarrollaron sus carreras —el de la Inglaterra victoriana y el de la costa este de los Estados Unidos— fueron muy distintos. Como hemos visto, en la Inglaterra de Clifford los intelectuales luchaban para imponer la autonomía de la ciencia contra fuerzas que ejercían un potente influjo en, por lo menos, los campos de la cultura y de la educación. Cuando uno lee los escritos de Clifford —o de Thomas Huxley— es imposible dejar de percibir el *pathos* un poco pasado de punto con el que defienden su posición ilustrada. (El propio James, que también es culpable en *LVC* de algún que otro exceso retórico[7], no pierde la ocasión de subrayar en ese mismo artículo el tono, por momentos extravagante, que adopta Clifford). No debe olvidarse, sin embargo —y tengo para mí que se trata de un asunto

[7] Véase como muestra la larga cita de Fitz James Stephen con que concluye *LVC*, p. 140 de este volumen.

importante para entender la confrontación entre ambos en sus justos términos—, que en 1890 James estaba viviendo en una región de los Estados Unidos en la que el florecimiento de las instituciones académicas y de los profesionales de la ciencia alcanzaba una de las mayores cotas de su historia y que la actitud ilustrada estaba tan sólidamente asentada en el ambiente que no era razonable pensar que las críticas a sus posibles excesos la pusieran en peligro. Para expresarlo gráficamente: en *LEC* Clifford tiene que hacer esfuerzos para mostrar cómo la creencia de que hay hidrógeno en el Sol puede adoptarse teniendo en cuenta la seriedad científica de instrumentos como el espectroscopio, mientras que en *LVC* James se muestra más bien temeroso de que el científico se convierta en una suerte de clérigo que intente imponer sus dogmas al hombre corriente usando el oscurantismo y la intimidación. En el ambiente de Clifford, la falsedad era más agua para el molino del viejo orden; su apuesta por la verdad —aunque quizás algo ingenua— solo significa su deseo de introducir las luces allí donde lo consideraba éticamente necesario. Sin embargo, en el medio en el que James se desenvolvía había lugar para defender la libertad contra lo que podría llegar a ser una cierta tiranía cognitiva de la ciencia. «Vive y deja vivir» era su divisa y podía permitirse conceder sin complejos que era ética y epistémicamente posible que cada uno viviese de acuerdo con sus creencias favoritas, siempre que no produjeran daño alguno a los demás. La situación en que vivía Clifford no era la adecuada para tales alegrías: solo la adopción de creencias basadas en evidencia suficiente podían ser moralmente aceptables. Pues, al contrario de lo que James parece defender, a Clifford solo le cabe subrayar que las creencias no solo conciernen al individuo que las tiene, sino que su adopción entraña una grave responsabilidad social.

1.2.2. Origen familiar y primera educación

William James fue el primogénito de Henry James, un acaudalado descendiente de emigrantes irlandeses que se habían establecido en la costa este de los Estados Unidos en el siglo XVIII. El viejo Henry era un tipo bastante poco convencional: había coqueteado con la teología durante su juventud con un continuo deambular por distintas ciudades europeas en busca de formación y se había convertido en un ferviente seguidor de las doctrinas teológicas del místico sueco Enmanuel Swedenworg (1719-1772) a raíz de una fuerte crisis depresiva —un episodio que también padeció su hijo William, si bien con diferente resultado—. Con todo, el padre de James fue un defensor apasionado del socialismo utópico predicado por Fourier y, como cuenta su propio hijo, «durante sus últimos años se dedicó a expresar con toda la ironía y el desprecio de que era capaz su antipatía por los clericalismos de cualquier género». Su familia era también una tropa interesante. De ella formaba parte, junto con tres hermanos más, el novelista y dramaturgo Henry James jr.[8] con quien William mantuvo siempre una relación especial. Todos juntos viajaban frecuentemente por Europa acompañando a su padre, de modo que sus primeros contactos con la escuela hubieron de ser «oficialmente» un tanto irregulares: de Nueva York a París, de París a Ginebra y de allí a Londres o Berlín con vuelta a Nueva York para repetir nuevamente el periplo. Sin embargo, el ambiente intelectualmente tolerante y culturalmente rico del hogar de los James[9] y el conocimiento de primera mano de la cultura europea compensaron con creces el ajetreo de las

[8] Henry James jr. (1843-1916) es probablemente uno de los más sublimes novelistas de la historia de la literatura. A diferencia de su hermano, siempre se encontró más a gusto en Europa que en los Estados Unidos, hasta el punto de que murió siendo ciudadano británico. El tema que más desarrollo tuvo en su obra —siendo como fue un maestro en la descripción de la vida interior de sus personajes— es el de la confrontación entre las culturas de una joven, exuberante y democrática América con una vieja, decadente y corrupta —pero mundanamente mucho más sabia— Europa.

[9] Desde luego, la vocación teológica de su padre tuvo también una incidencia no despreciable en la carrera filosófica de James, como él indirectamente reconoce en la compilación *The Literary Remains of Henry James* (1885). Su compromiso constante con la defensa de la creencia religiosa tiene todo el aspecto de tener ese origen, lo mismo que su anticlericalismo y su desconfianza hacia las religiones institucionalizadas.

idas y venidas constantes. Su padre se opuso —aunque solo intelectualmente y sin demasiada insistencia— a que William, con dieciocho años recién cumplidos, emprendiese estudios de pintura; consideraba que era bastante triste que los horizontes vitales de su hijo se redujesen de forma drástica a una edad tan temprana. William estuvo durante algún tiempo en Rhode Island haciendo sus pinitos artísticos al lado del pintor de temas religiosos William M. Hunt, pero enseguida se convenció de que solo llegaría a ser un artista mediocre —una opinión que no comparten quienes conocen sus dibujos de aquella época— e ingresó en 1861 en la Facultad de Ciencias de la Universidad de Harvard. En un principio, su propósito era estudiar química y biología, pero dos años más tarde se matriculó en la Facultad de Medicina. El propio James dice, recordando aquellos primeros años en la universidad, que aprendió sobre todo a apreciar la importancia de la teoría de la evolución y la enorme significación que tienen los hechos empíricos por encima de las abstracciones.

Collage de dos imágenes de los hermanos James, William y Henry.

1.2.3. Crisis psicológica e influjo de Charles Renouvier

Fue precisamente con uno de los profesores que más admiraba en Harvard, el eminente naturalista Louis Agassiz[10], con el que participó como ayudante en una expedición al Amazonas durante los años 1865 y 1866. Durante su estancia en el Brasil contrajo la viruela además de una acusada fotofobia y la fragilidad de su salud —que le acompañaría ya durante toda su vida imponiéndole un ritmo de trabajo con constantes interrupciones y periódicas estancias en Europa— empezó a manifestar sus primeros síntomas.

Su estado de salud le obligó a regresar a Boston y a sus estudios en la Facultad de Medicina de Harvard, aunque por poco tiempo. En 1867 decidió viajar a Alemania para estudiar fisiología aplicada con Hermann von Helmholtz, profesor a la sazón en la Universidad de Bonn y bastante conocido por su formulación de la ley de la conservación de la energía. No parece que James, en los casi dos años que pasó en Alemania, hiciese grandes estudios formales de fisiología. Como compensación, se dedicó a leer con voracidad obras de psicología y filosofía, especialmente los escritos del filósofo neokantiano francés Charles Renouvier (1815-1903), que habrían de tener una influencia decisiva tanto en su carrera filosófica como en su propia vida.

Durante su estancia en Alemania, James empezó a sufrir una seria crisis psíquica que incluía periódicos pensamientos de suicidio y de la que no se libraría hasta bien avanzado el año 1873. Si su padre había podido salir de un episodio similar apoyándose en la autorrenunciación y la entrega al flujo del amor divino predicada por Swedenborg —lo que no excluía

[10] Louis Agassiz (1807-1883) fue un naturalista de origen suizo, profesor en la Universidad de Harvard desde 1846. Sus estudios más valiosos tienen como objeto los glaciares y numerosas especies extinguidas de peces y es reconocido como el motor que revolucionó los estudios de ciencias naturales en los Estados Unidos. Su actitud hacia las doctrinas de Darwin no fue especialmente favorable. Aun reconociendo que los hechos físicos ordinarios podían dar lugar a la extinción de algunas especies, Agassiz defendió siempre que solo la intervención de un Ser Supremo podía explicar la aparición de especies nuevas.

una preocupación sincera por la justicia social—, William encontró su propia tabla de salvación en el afianzamiento en su creencia en el libre albedrío y en la firme resolución de adquirir hábitos de pensamiento riguroso y creativo. En efecto, para Renouvier la afirmación de la libertad marca la transición de la razón teórica a la razón práctica, pues la libertad es para él la base de la certeza. Dado que la evidencia tiene un alcance que se limita a la percepción de los fenómenos que se dan de forma efectiva, la certeza, argumentaba, tiene que basarse en la creencia y esta última en la libertad. Esto quiere decir que, en el fondo, nuestras afirmaciones o enunciados —esto es: nuestras expresiones de creencias— están gobernadas por actos de nuestra libre voluntad. Es la *creencia* la que, por así decirlo, rehabilita con un acto de voluntad la existencia de los objetos del mundo exterior que el conocimiento había eliminado del cuadro. No son difíciles de identificar aquí los elementos de la célebre posición de William James sobre la creencia en *LVC*, en *Las variedades de la experiencia religiosa* o en sus detalladas discusiones sobre la voluntad y en la importancia concedida a los hábitos en *Los principios de la psicología*[11]. El propio James afirmaba años más tarde que su salida de la fuerte crisis depresiva que había padecido empezó con su decisión *á la* Renouvier de que «mi primer acto de libre albedrío debe de ser creer en el libre albedrío». Tal decisión llevaba consigo el abandono de todo determinismo —incluido el que se desprendía de sus estudios científicos— y el inicio de una «segunda navegación» filosófica. Durante toda su vida el problema del libre albedrío y el de la legitimación de la creencia frente a los diversos escepticismos filosóficos fue la fuerza motriz de la filosofía de James. Y si bien es cierto que esta tiene su origen en una necesidad de salvación

[11] Harto curioso que *LVC* no cite ni una sola vez el nombre de Renouvier. Sin embargo, James afirma en una carta a Peirce: «La totalidad de mi ensayo [*LVC*] [...] está plagiado de él». Y cuando le envió una copia de *LVC* al propio Renouvier le puso una nota en la que le decía: «El otro día le envié un artículo [...] titulado "La voluntad de creer" en el que (si usted se toma la molestia de echarle un vistazo) probablemente reconozca hasta qué punto soy todavía su discípulo» [citado por Wernham (1987), p. 87].

personal —uno no puede dejar de percibir ese sabor leyendo sus escritos— sería injusto presentar lo que es una defensa racional y teórica del libre albedrío, la moralidad y la creencia religiosa, como un mero discurso emocional («pasional», diría él). James siempre sostuvo que uno de los rasgos peculiares de la filosofía consistía en que su práctica involucraba *factores subjetivos* como el temperamento y el punto de vista personal, la gran premisa de todo argumento que, afirmaba, nunca se hace explícita. Sus reflexiones sobre la religión, la moralidad y sobre lo que podemos llamar, de manera general, creencias relacionadas con asuntos «no cognitivos», son parte integrante de su filosofía hasta el punto de que su doctrina más popular, el pragmatismo, difícilmente puede entenderse sin tener en cuenta el papel central que desempeña la noción de creencia —también con sus aspectos *volitivos*— como puente entre los aspectos intelectuales y «pasionales» del conocimiento.

1.2.4. El padre fundador de la psicología científica americana

Entre 1873 y 1876 James enseñó fisiología y psicología en Harvard. De algún modo, su incursión en el campo de la psicología fue «revolucionaria». El creador del primer laboratorio de psicología en los Estados Unidos desafió desde un primer momento los fuertes intereses creados —especialmente teológicos— que se atrincheraban en los departamentos de filosofía de aquel país y que defendían una particular «ciencia de lo mental» muy alejada de la psicología fisiológica por la que James abogaba. Su labor fue una de las puntas de lanza que rompió con lo que otro filósofo de Harvard, el español Jorge Santayana, denominó más tarde la «tradición gentil» en la educación americana, a la vez que sentaba las bases para que la psicología pasara de ser «ciencia de sillón» a convertirse en *ciencia de laboratorio*. De estos años son sus numerosos artículos sobre psicología que dieron lugar a los monumentales *Principios de psicología*, obra aparecida en 1890 y cuya versión abreviada, publicada en 1892, se convertiría en un libro de texto de referencia. Esta obra tiene también sin duda una gran carga filosófica en sus aspectos históricos, metafísicos, metodológicos y epistemológicos. Pero, sobre todo, en los *Principios* se encuentran ya en avanzado estado de gestación muchas de las tesis que conformarán la doctrina que James haría popular años más tarde: el *pragmatismo*.

Digamos algo, para empezar, acerca del carácter de esta obra. El propio James dice de ella que se trata «principalmente de un amasijo de detalles descriptivos». Y esto, aparentemente, es cierto y ha pasado a ser un lugar común entre sus comentadores. Pero no es menos verdad que no se puede perder de vista lo que James entendía por «descripción». Pues para él la mera descripción —la descripción al modo de los fenomenólogos, absolutamente libre de todo supuesto— simplemente no era posible. James concebía toda descripción como una empresa que involucraba de forma necesaria conceptos que funcionaban como instrumentos de clasificación mejor o peor adaptados a la medida de los intereses humanos y que eran imprescindibles para la propia descripción. (Pues, decía James, ¿no es *también* un *supuesto* del fenomenólogo el que puede haber descripción no conceptual?). De hecho, una de las primeras aplicaciones del pragmatismo en los *Principios* consiste en hacer pasar a las teorías y a los datos psicológicos por una especie de criba que elimine los supuestos que no afectan al significado, esto es, a las consecuencias experimentales de lo que se afirma. Por otra parte, el supuesto básico de los *Principios* es que *hay estados mentales* que están condicionados —aunque no *determinados*— de varias maneras por estados físicos y que, a su vez, inciden causalmente en ellos. Esta concepción es ciertamente complicada si tenemos en cuenta que, por una parte, James no consideraba aceptable sin más el modelo determinista del mundo físico y que, por otra, defendía que los límites entre lo físico y lo mental eran cuando menos borrosos. Las convicciones darwinistas de James se dan de nuevo la mano con su pragmatismo en el tratamiento de los estados mentales. Los estados mentales —o «la vida mental», como también él la llama— son simplemente un *instrumento* que encontramos allí donde existe el propósito de alcanzar ciertos fines en cuyo camino se opone algún obstáculo y cuya consecución exige algún tipo de invención, algún tipo de actividad creativa que facilite su remoción[12]. El primer paso para estudiar adecuadamente los estados mentales consiste en su caracterización exacta en el sentido de que se han de preservar tanto sus variedades como sus rasgos peculiares. De este modo, los *Principios* pueden considerarse como la autobiografía psíquica de un maestro de la introspección, pero no se debe pasar por alto que el *temperamento* que adopta James en el *modo* de su descripción es una parte muy importante de su filosofía. Es sabido que las buenas novelas se cuentan entre los mejores estudios psicológicos, pero sería un error considerar los *Principios* como un mero ejercicio literario. Cuando James habla en sus últimas obras del «empirismo radical»[13] y del «mundo de la pura experiencia» se está refiriendo a las ricas descripciones de los *Principios*, pues solo ellas son ca-

[12] De acuerdo con esta concepción, un Dios omnipotente o un Dios meramente contemplativo no es un tipo de entidad que pueda tener estados mentales. A un Dios omnipotente no se le cruza obstáculo alguno en sus propósitos y a un Dios contemplativo los estados mentales le resultan innecesarios. Se sigue de aquí la consecuencia de que la vida mental es solo algo que poseen individuos que «tienen que resolver problemas» y que están mejor o peor adaptados para ello como fruto de la evolución biológica.

[13] La tesis del «empirismo radical» [*Essays in Radical Empiricism*, publicado originalmente en 1912, Cambridge, Mass. y Londres, Harvard University Press, 1976] es el resultado final que James alcanza al elaborar las tesis empiristas presentes desde el principio en su pragmatismo. El rótulo es sin duda algo desorientador si se piensa en términos del empirismo clásico: se trata de la exigencia de que cualquier término propuesto para la discusión filosófica sea definible en términos experienciales *sin omitir absolutamente nada que de lo que haya sido experimentado*. En este sentido, un empirista radical sostiene que todo lo que hay es pura experiencia: ni siquiera se permite introducir distinción alguna entre sujeto y objeto de la experiencia. Tal distinción es posterior a la pura experiencia; solo es, de acuerdo con James, uno de los muchos modos posibles de analizar reflexivamente ese puro fenómeno. Un empirista radical defenderá entonces que no hay una apercepción de la conciencia en tanto que tal: solo somos conscientes de los objetos o de las actividades corporales. Russell se refiere a esta concepción de James —tanto en *El análisis del espíritu* como en *La filosofía del atomismo lógico*— como «monismo neutral».

paces de ofrecer una representación completa de la realidad en la que reina el pluralismo: ya sea la pluralidad de esquemas conceptuales útiles, la pluralidad de valores irreductibles o la pluralidad de las puras experiencias mismas. Las descripciones detalladas de los estados mentales —el principal método de la psicología— se obtenían, pensaba James, por *introspección*. Y vemos aquí de nuevo en acción el método pragmático. Pues la introspección solo era para él un método de observación más sin estatuto privilegiado alguno. La usual atribución de infalibilidad a la introspección descansa sobre una base errónea al aceptar que, en tal caso, existe una *relación inmediata* entre la mente y sus contenidos. Pero James argumenta que, si bien el hecho de sentir cierta sensación particular puede ser incorregible, la propia experiencia muestra que el nombre que le demos, su clasificación, etc., no tiene por qué serlo. Una descripción introspectiva no autocertifica su verdad por y para siempre; la única certificación posible de la verdad es nuestro acuerdo final con lo que lleguemos a saber en el futuro sobre el estado mental particular descrito y en la medida en que tal conocimiento se integre en nuestro *corpus* epistémico global.

1.2.5. Pragmatismo: significado y verdad

En 1879 James empezó a dedicarse oficialmente a enseñar filosofía en Harvard. Una de sus principales influencias fue el padre de la semiótica, su amigo Charles Sanders Peirce (1839-1914), con el que públicamente reconoció su deuda en numerosas ocasiones por mucho que ambos no coincidieran en diversos aspectos de sus filosofías respectivas. Si bien la concepción general sobre el pragmatismo adoptada por James tiene origen peirceano, la dedicación de este último a la lógica formal era vista por él con notable desconfianza si no con disgusto. Durante toda su vida —y especialmente después de su episodio de «conversión»— James adoptó una acusada actitud antiintelectualista en filosofía de la que el rechazo de los aspectos formales de la lógica que Peirce estaba desarrollando de forma pionera[14] o la defensa de los derechos de la voluntad en la formación de la creencia son solo dos ejemplos. Por otra parte, Peirce no estaría muy feliz con las tesis de su amigo en *LVC*. Basta echar un vistazo a alguno de sus escritos populares —por ejemplo, «La fijación de la creencia»— para encontrar afirmaciones que se dirían salidas de la pluma del propio Clifford[15].

Imagen de Charles Sanders Peirce, científico, filósofo y humanista. Es una de las figuras más relevantes del pensamiento norteamericano. Ha sido considerado como fundador del pragmatismo y padre de la semiótica contemporánea entendida como teoría filosófica de la significación y de la representación.

[14] Las contribuciones más importantes y novedosas de Peirce a la lógica formal se centran en la lógica de relaciones y en la introducción, ya en 1870, de una notación en la que se usan dispositivos extraordinariamente similares a los modernos cuantificadores. Una de sus más notables aportaciones a la lógica de la ciencia la constituye su teoría de la «retroducción» o «abducción» —la formación y puesta a prueba de una hipótesis— que se adelanta de manera sorprendente a la tesis de la falsación de Popper.

[15] Así, podemos leer juicios como este: «[...] evitar investigar sobre el apoyo de cualquier creencia por el temor de que esté corrompida es tan inmoral como desventajoso» [Peirce, Ch. S., «The Fixation of Belief», en Charles S. Peirce, *Select Writings (Values in a Universe of Chance)*, Nueva York, Dover, 1958, p. 111].

La conferencia que James pronunció en la Universidad de California, Berkeley, en 1898 con el título «Philosophical Conceptions and Practical Results» («Concepciones filosóficas y resultados prácticos»)[16] suele considerarse como el acta fundacional pública del pragmatismo. Avanzados ya los años setenta del siglo XIX, Peirce había establecido los fundamentos de esta concepción filosófica en su artículo «Como hacer claras nuestras ideas» basándose en un análisis de la lógica de las ciencias. En *Pragmatismo: un nuevo nombre para algunos viejos métodos de pensar* (1907), James formuló estos principios dándoles un alcance mucho más amplio: el significado de cualquier idea ya sea científica, religiosa, social, política o personal, ha de encontrarse en la serie de consecuencias experimentales a que da lugar, de modo que la verdad y la falsedad, en el caso de que puedan ser conocidas por la mente humana, tienen que identificarse con esas consecuencias. En palabras del propio James:

> Para alcanzar perfecta claridad en nuestros pensamientos sobre un objeto, solo necesitamos considerar qué efectos concebibles de índole práctica comporta el objeto —qué sensaciones hemos de esperar de él, y qué reacciones debemos prever—. Nuestra concepción de esos efectos, ya sean inmediatos o remotos, es entonces para nosotros nuestra completa concepción del objeto, en la medida en que esta concepción tenga alguna significación positiva[17].

Esta conocida y tantas veces citada formulación ha de tomarse, sin embargo, con ciertas cautelas[18]. Visto de esta manera, el pragmatismo parece solo un rótulo para designar un

[16] Publicada como un apéndice a *Pragmamtism*; véase nota siguiente.

[17] William James, *Pragmatism: A New Name for Some Old Ways of Thinking*, Indianápolis y Cambridge, 1907, p. 26.

[18] Particularmente, este método no habrá de confundirse con el principio de verificación de los positivistas lógicos. Por ejemplo, entre los «efectos concebibles de índole práctica que comporta el objeto» están tanto los efectos cognitivos como los «pasionales» (sentimientos, emociones, etc.). Como veremos más adelante, James también considera las creencias religiosas o morales como hipótesis con significado y, por tanto, con efectos prácticos en su particular sentido.

método para atribuir significado o verdad —o ambas cosas— a las proposiciones filosóficas. O, dicho de otra manera, un mero procedimiento para resolver disputas filosóficas substantivas. Cabe, sin embargo, una interpretación más ambiciosa del pragmatismo de James, una interpretación que le conceda el estatuto de una teoría sobre el mundo, sobre la realidad. Como se recordará, una de las más importantes lecciones que James aprendió de sus primeros años de estudiante en Harvard fue la pertinencia de la teoría de la evolución para toda una hueste de cuestiones que, en principio, no parecían estrictamente biológicas. Pues bien, el pragmatismo toma como uno de sus supuestos básicos el que conceptos tales como «conocimiento», «significado» o «verdad» tienen que explicarse como resultado de un *proceso natural* —o de la lucha de varios de ellos— en flujo constante. A la vez, el mundo no es más que una pluralidad de tales procesos puestos en relación de maneras únicas y muy diversas. La queja constante de James contra los esquemas especulativos de tipo abstracto se substancia en su imposibilidad de dar cuenta de un mundo así concebido. Es más: cualquier teoría que pretenda dar cuenta seriamente de tales procesos no puede dejar de incluir la visión personal —el «temperamento»— del filósofo que la construye, pues James defiende la primacía de la actitud personal sobre el método. Este es, por así decirlo, un asunto de segundo orden dictado sin duda por los objetos —el «borde deshumanizado», como James los denomina—[19] pero que es precedido por la determinación personal del carácter que el mundo ha de tener para nosotros.

De este modo, podemos interpretar de una manera un poco más satisfactoria algunos pronunciamientos un tanto confusos de James sobre la verdad —por ejemplo, el carácter de la «correspondencia» entre las creencias y el mundo o cierto tufillo idealista que parecen despedir—. Así, aunque

[19] La distinción entre el «borde deshumanizado» y las «ideas» es lo que le permite a James —no voy a discutir aquí si con éxito o no— la objetividad del significado y la verdad. Véase más adelante la discusión pertinente en este mismo apartado.

podemos decir que la verdad es lo que *debemos* creer, para el pragmatismo ese «debemos» no goza de carácter obligatorio que venga conferido por una teoría abstracta del conocimiento o de la verdad. Si efectivamente disfruta de ese carácter es porque las creencias verdaderas tratan de lo que tenemos que tener en cuenta si no queremos, para expresarlo con cierto dramatismo, desaparecer de la faz de la Tierra. Sin duda puede aceptarse que tal carácter imperativo de la verdad reside en el *acuerdo* entre nuestras creencias y la realidad, pero siempre que precisemos bien qué se entiende aquí por «acuerdo». Desde luego, la concepción tradicional que concibe el acuerdo como una relación estructural determinada de antemano —las creencias verdaderas son «copias» de la realidad, se «corresponden» con ella, o algo de este género— no funciona de acuerdo con las tesis de James. Para decirlo con un ejemplo: mi creencia de que el indicador que tengo frente a mí señala la dirección correcta al Cabo de Peñas es verdadera —está de acuerdo con la realidad— si, por ejemplo, no se produce la desagradable sorpresa de que, una vez que sigo sus indicaciones, voy a parar, por decir algo, al monte Aréo[20], y me pierdo una agradable merienda con unos amigos. James adopta una posición *falibilista* en este asunto. Desde luego, puede haber creencias que sean verificables de forma directa (por ejemplo —y perdóneseme la supersimplificación—, que hay un indicador de carreteras ante mí que señala tal y cual dirección), pero hay sin duda otras (por ejemplo, que el indicador señala la dirección *correcta*) que, por así decirlo, se adoptan *mientras que las consecuencias que se sigan de actuar de acuerdo con ellas den lugar a los resultados que se esperan*. ¿Quiere decir esto —como tantas veces se repite— que James defiende que toda creencia que sea útil es *ipso facto* verdadera? ¡No! Es cierto que la utilidad de las creencias para nuestra supervivencia es una marca de su verdad en la misma medida que su inutilidad lo

[20] A título informativo: el Cabo de Peñas y el monte Aréo son dos accidentes geográficos situados en los concejos asturianos de Gozón y Carreño respectivamente que, encontrándose relativamente cerca, están en direcciones opuestas.

es de su falsedad. Pero el que una creencia nos resulte útil o nos conforte en un momento particular no significa que sea verdadera. Incluso si encajan *ahora* en nuestro cuerpo de creencias, casan con nuestras experiencias pasadas, su lógica no da lugar a distorsiones, etc., exigimos también que las creencias adoptadas *sigan teniendo las mismas favorables consecuencias en el futuro*. Y lo hacemos hasta el punto de que, si no sucede así, nos mostraremos dispuestos a modificarlas. Por otra parte, James es pluralista respecto de los armazones conceptuales y esto conlleva la tesis de que el «acuerdo» en términos de utilidad presente y futura de nuestras creencias puede materializarse en varios de ellos. La única constricción que les afecta es que, por así decirlo, faciliten la supervivencia de la especie[21].

Es natural que esto sea así dentro del sistema de James. Pues si nuestro conocimiento del mundo atiende tanto a la contribución de este como de la mente humana —la verdad no es un mero registro de las «señales» que el mundo emite—, no hay razones de principio para decretar que en el futuro ha de prevalecer la imagen del mundo que nos presenta la física, la que está ligada al sentido común o cualesquiera otras alternativas que nuestro constante flujo de transacciones con el mundo pudiera originar. ¿Quiere esto decir que el mundo y, por tanto, la verdad, son creaciones humanas? En cierto sentido sí, pero en un sentido que, una vez explicado, puede dejar de ser escandaloso para quien no sea un idealista. En la epistemología y la ontología de James existe una distinción muy importante entre *objetos* e *ideas*. Estas últimas son las que dan cuenta de los objetos —de la realidad, para entendernos— y las que son verdaderas o falsas *de* los objetos. Naturalmente, las ideas cambian cuando sus consecuencias prácticas son indeseables, e incluso, como sabemos, puede haber sistemas de ideas alternativos que sean verdaderos o falsos de los mismos objetos. Tomemos,

[21] Nótese nuevamente que la querencia darwinista de William James no le impide mantener que puede haber más de un armazón conceptual —más de un sistema de «ideas»— que fomente la supervivencia y que esto es un hecho «bruto» que impide dar preeminencia a unos armazones sobre otros.

por ejemplo, un diagrama de una máquina que nos sirva para predecir su comportamiento presente y, por supuesto, para actuar en consecuencia. El diagrama particular es semejante a una creencia: ambos son verdaderos mientras sigan siendo útiles para su propósito. Ambos son *invenciones convencionales,* pues, en principio, otros sistemas de representación serían posibles. Pero no son *arbitrarias,* tienen que dar cuenta de una realidad que no es convencional. De donde se sigue que *solo las ideas* son creaciones humanas. Es verdad que son ellas las que son verdaderas o falsas, pero esto no quiere decir que verdad y realidad sean convencionales. Las ideas (creencias, si queremos) tienen que dar cuenta de los objetos y por ello son verdaderas o falsas. Pero los objetos ya no son convencionales y, por tanto, no lo es tampoco ni la verdad ni la falsedad.

1.2.6. La experiencia religiosa y la vida moral

Hacia 1892, cuando se publicó la versión abreviada de los *Principios,* James pareció perder todo interés por la psicología. Del mismo modo que Wittgenstein confesaba al tiempo que escribía el *Tractatus* que no había ninguna cuestión realmente importante de la que tratara la ciencia natural, a James llegó a parecerle que, si se comparaban con los problemas de la filosofía y de la religión, los de la psicología constituían «un asuntillo de bastante poca monta». Aunque la actitud de James sobre la religión parece haberse conformado desde su juventud y se mantuvo casi invariable durante toda su vida, es a partir de esta época cuando su filosofía de la religión se desarrolla de modo más sistemático dentro de una constelación de temas que incluyen la experiencia religiosa, la supervivencia después de la muerte, la vida moral, la naturaleza de la creencia y sus relaciones con la acción y el problema del libre albedrío.

¿Qué rasgos peculiares tiene el análisis de James del fenómeno religioso?[22]. Para empezar, James no piensa que el

[22] Conviene subrayar que cuando James habla de «religión» se está refiriendo a toda una suerte de experiencias que se dan tanto dentro de las instituciones

sentimiento religioso tenga nada de extraordinario; como parte del mundo que es, está *al mismo nivel* que cualquier otro sentimiento —por ejemplo, el sentimiento moral— que encontramos en la realidad. Además, si la teoría de la evolución es correcta, la experiencia religiosa debe tener alguna función vital, pues no hay nada en el mundo que carezca de ella. La consecuencia inmediata es que un análisis filosófico de la religión ha de ser empírico; ni más ni menos empírico que cualquier fenómeno[23] que se dé en el mundo. Así, en *Las variedades de la experiencia religiosa* (1902) James emprende la tarea de describir sus distintas formas, de clasificarlas junto a experiencias humanas de similar género y de explicarlas por medio de leyes y principios científicos ordinarios. (Las experiencias místicas, por ejemplo, se explican como «afluencias» a partir del subconsciente del sujeto, o las conversiones como una reorganización de la «energía psíquica» alrededor de un nuevo centro de interés, etc.). James se tomaba absolutamente en serio la idea de que las experiencias religiosas *podrían* proporcionar evidencia a favor de la existencia de la divinidad[24]. Ante las conocidas protestas de que tales experiencias tenían su base en el propio organismo de los sujetos que las sufrían y que, por lo tanto, carecían de base objetiva, James estaba pronto a responder que *toda* experiencia tenía bases orgánicas. Dado que nuestras «ideas» —en el sentido apuntado anteriormente— son invenciones nuestras, moduladas evo-

religiosas como fuera de ellas, que probablemente carecen de un rasgo distintivo común y que están ligadas a características propias de la condición humana como el problema del mal, el del sufrimiento, la conciencia de la propia fragilidad, etc. En cualquier caso, la experiencia religiosa incluye la creencia en que hay algo más allá del mundo, que tiene carácter redentor y que supone para el creyente una inyección de «energía moral».

[23] Lo mismo sucede con el sentimiento moral que James analiza en los *Principios*. Nuevamente, ha de tenerse en cuenta el alcance del «empirismo radical» de James a la hora de entender estas afirmaciones.

[24] Con todo, James reconocía que la demostración de la existencia de Dios era una quimera. Pues, por una parte, aunque las experiencias místicas sean reales tienen, sin embargo, carácter subjetivo y difieren de persona a persona. Por otra, los argumentos tanto de los filósofos como de los teólogos le parecían totalmente inconcluyentes.

lutivamente para habérnoslas con la experiencia desde una u otra perspectiva en la que tenemos algún interés, no hay razón alguna de principio que certifique que *solo* un conjunto de tales ideas es el que concuerda con la realidad. Tanto las ciencias particulares como los distintos sistemas de creencias religiosas pueden ser diversos y, a la vez, no necesariamente excluyentes, todos ellos *pueden* ser instrumentos útiles para representar la experiencia del mundo.

Ahora bien, James defiende también que las explicaciones empíricas acerca de la experiencia religiosa no arrojan luz alguna sobre su valor espiritual o su significado, de modo que tanto la apologética religiosa basada en la legitimidad de su origen (por ejemplo, en una especial «revelación») como los críticos que la consideran como algo que solo puede tener interés patológico, yerran el tiro. Pues si la experiencia religiosa está al mismo nivel que las demás experiencias humanas, su valor ha de juzgarse en términos pragmáticos, confrontándola con toda la trama de nuestra experiencia. Téngase en cuenta que en la filosofía de James la religión no resulta justificada meramente por su utilidad social o por la gratificación subjetiva que comportan muchas creencias religiosas. Él sostenía que, al menos algunas creencias religiosas, tanto de las religiones institucionalizadas como de los individuos particulares, funcionan como hipótesis que entrañan predicciones —por ejemplo, en un mundo que tuviese una deidad particular sucederían milagros y se producirían conductas distintas a las de un mundo que no la tuviera—. Son, por tanto, realmente empíricas en el sentido del «empirismo radical». El propio James creía que el examen de la experiencia religiosa autorizaba la creencia de que existe una especie de pluralidad de «poderes salvíficos», lo que él denominaba «la parte más elevada del universo», que está ciertamente más allá del alcance de los sentidos pero que actúa en el mundo y su presencia tiene consecuencias pragmáticamente evaluables. James dice, desde luego sin demasiada concreción y de modo pintoresco, que tales poderes salvadores constituyen una especie de «depósito» de energía psíquica con la que podemos entrar en contacto en momentos de crisis[25]. Sea como fuere, James exige que estas creencias —lo que él llama muchas veces la «hipótesis religiosa»— se sometan a la misma confrontación práctica que las demás creencias, pero sin prejuzgar de antemano el método de verificación que ha de emplearse. Pues, pensaba él, si el análisis de la experiencia religiosa autoriza la hipótesis de la existencia de una realidad más rica que la que la ciencia tradicional reconoce[26], solo el prejuicio intelectualista puede privarnos de su verificación. La preocupación de James por conceder un estatuto de legitimidad científica a las creencias religiosas está entonces más que atestiguada. En la próxima sección, al examinar el debate con Clifford, diremos algo más sobre la plausibilidad de su empeño.

2. LA DISPUTA

2.1. ALGUNOS MALENTENDIDOS

Como se recordará, William James pudo salir de la seria crisis psicológica que le había paralizado física e intelectualmen-

[25] Hay aquí obviamente ecos de la propia biografía de James. Algo parecido se aplica a la vida moral que tiene también para él una especial relevancia en las épocas de crisis. En esos casos, uno se enfrenta a decisiones importantes, no tanto respecto de qué hacer en un momento particular, sino sobre qué tipo de persona va a ser uno a partir de ese momento, y es entonces cuando aflora la más elevada sensibilidad moral.

[26] Es cierto que James coqueteó con ciertas prácticas dudosas que hoy llamaríamos «parapsicológicas» en busca de evidencias a favor de la legitimidad de las experiencias religiosas. No obstante, es conveniente situar este asunto en el contexto del siglo XIX en el que las teorías sobre la conciencia subliminal o sobre el inconsciente gozaron de un predicamento respetable. James creía que los sujetos que habían experimentado experiencias religiosas como las «visitaciones» o las «conversiones» tenían derecho a hacer la hipótesis de que existía una especie de verdad subyacente de la que fluían esos estados y que debían someterse a la prueba empírica regulada por los principios del pragmatismo. El rechazo de antemano de tales hipótesis se debía a la pereza mental de la ciencia establecida, una actitud —pensaba él— poco edificante para un científico. Por otra parte, James era muy escéptico respecto de las prácticas espiritistas y pensaba que la mayor parte de los *mediums* eran simplemente fraudes.

te durante más de cinco años tomando una *decisión a favor de creer*: «mi primer acto de libre albedrío —cuenta él que resolvió en pleno paroxismo— debe de ser creer en el libre albedrío». Hasta ese momento, sus estudios científicos le inclinaban hacia el determinismo, y su reflexión sobre las consecuencias morales de tal posición filosófica parecen haber desempeñado un papel importante en la incubación y desarrollo de su enfermedad. Durante su estancia en Alemania, mientras leía las obras de Renouvier, llegó a la conclusión de que no había esperanza alguna de decidir *en términos puramente intelectuales* entre el determinismo y el libre albedrío. El determinista argumenta que, sea cual sea la decisión de actuar que adopte un agente, no hay posibilidad de que hubiera decidido tomar un curso de acción distinto, dadas las condiciones antecedentes; pero *ante la misma evidencia*, el defensor del libre albedrío sostiene que, a la hora de adoptar cualquier decisión, existen posibilidades alternativas genuinas que, además, resultan ser condición necesaria para que una acción pueda considerarse como una auténticamente humana. ¿Qué resolución tomar entonces? Desde luego, podemos encontrar razones lógicas o morales a favor de una u otra posición, pero no hay ni evidencias ni argumento definitivo alguno que, como diría Lewis Carroll, nos «agarre del cuello» y nos fuerce a rendirnos a cualquiera de ellas. James tomó la decisión de creer en el libre albedrío —y también en la existencia de la divinidad— sin tener evidencia adecuada y careciendo de una demostración concluyente. Pero este «salto en el vacío» —como lo denomina la patética cita de Fitz James Stephen al final de *LVC*, p. 140— no es algo que a un filósofo le esté permitido dar así por las buenas. *LVC* es un ejercicio justificativo de lo que James llama «la legitimidad de la fe voluntariamente aceptada» [*LVC*, p. 110] —y por «fe» no se refiere solo a la fe religiosa, sino a toda creencia no respaldada por evidencia suficiente—[27]; se trata de un intento de determi-

[27] En *LVC* James usa de manera indistinta los términos «creencia» y «fe» tanto para creencia no respaldada por evidencia suficiente y que, por tanto, tiene una probabilidad baja de que sea verdadera, como para la disposición a actuar

nar hasta dónde se puede creer en estas condiciones sin que proteste nuestra conciencia filosófico-científica (no se olvide que William James siempre se consideró a sí mismo como un verdadero científico). Clifford, el *enfant terrible* que había defendido en 1877 que «creer algo basándose en una evidencia insuficiente es malo siempre, en cualquier lugar y para todo el mundo» [*LEC*, p. 83], representaba sin duda un reto para James —un reto incluso que tenía que afrontar, aunque solo fuese por razones de gratitud personal— ¿pues no había sido la fe la que le había ayudado a salir del agujero en el que le habían sepultado los dilemas del determinismo?

La «concepción heredada» en la historia de la filosofía sobre el debate con Clifford es que James «ganó», aunque solo fuera a los puntos. No tanto por la fuerza de sus argumentos, que a veces pecan de un cierto desaliño, cuanto por la simpatía que despierta su defensa de cierta «humildad epistémica» frente a la arrogancia de muchos intelectuales de la época victoriana que pretendían haber descubierto de modo definitivo un «núcleo duro» de hechos que reemplazaría toda superstición y cortaría las alas a toda especulación fantasiosa. Rorty[28] ha caracterizado la posición de Clifford como una defensa de que las «relaciones evidenciales» que justifican las creencias «flotan» por encima de los intereses humanos de cada momento histórico sin llegar nunca a contaminarse con ellos. James tenía motivos más que sobrados para oponerse a esta concepción. Por una parte, su punto de vista evolutivo sobre el conocimiento le impedía a todas luces tomar el camino de Clifford. Por otra, no podía ignorar, como su gran amigo Peirce había puesto de manifiesto, hasta qué punto la labor del descubridor científico tenía un punto de conjetura detectivesca —una especie de «corazonada» no basada en la evidencia— que ocurría en unas coordenadas sociales, históricas y psi-

de acuerdo con lo que no es probable que sea verdadero. En otros lugares James identifica «fe» con «hipótesis que funciona» en un intento —a mi juicio infructuoso— de incluir la fe en el paquete de las hipótesis científicas. Diremos algo sobre este asunto más adelante.

[28] Véase Rorty (1997), p. 86.

cológicas determinadas. Todo esto está tan bien atrincherado en nuestra cultura filosófica y científica que los lectores de *LVC* apenas reparamos en cuáles son los argumentos a los que James quería dar respuesta en ese popular ensayo. David Hollinger[29] ha señalado que ese hecho ha conferido a Clifford el *status* histórico de mero *sparring* filosófico de James, muy en la onda de gran parte de los interlocutores de Sócrates en los *Diálogos*. Pero, del mismo modo que Sócrates exagera y desfigura las posiciones de sus compañeros de charla para obtener una victoria dialéctica más espectacular, James hace muchas veces lo propio con Clifford. No quiero defender con esto que todo lo que dice James sobre Clifford sea desafortunado: ambos tienen sin duda «temperamentos filosóficos» diferentes que se reflejan en sus respectivos argumentos. Solo quiero señalar que la presentación habitual de su confrontación que nos ha sido legada tiende a ocultar la magnitud del substrato común que comparten. Mencionaré como muestra dos momentos de la disputa en los que uno no puede evitar tener la sensación de que James, para decirlo de manera educada, no ha prestado la debida atención a las palabras de Clifford.

James presenta la creencia de muchos científicos de su época —entre los que sin duda cuenta a Clifford— en la uniformidad de la naturaleza como un ejemplo de creencia discutible mantenida sin evidencia suficiente, es más: rehusando de manera deliberada el examen de las bases evidenciales en las que supuestamente se apoya. Así leemos:

> ¿Por qué tan pocos «científicos» se interesan siquiera por la evidencia a favor de la denominada telepatía? Porque creen, como me dijo una vez un importante biólogo, ya fallecido, que incluso si tal cosa fuera verdad, los científicos deberían concertarse para mantener tal evidencia sofocada y oculta. Desharía la uniformidad de la Naturaleza y toda otra suerte de cosas sin las que los científicos no pueden continuar sus investigaciones.

Sin embargo, lo que Clifford dice sobre el principio de la uniformidad de la naturaleza difícilmente cae bajo la que-

[29] Hollinger (1997), p. 70.

ja de James. En las pp. 100-101 de *LEC* Clifford se pregunta «en qué casos podemos creer lo que va más allá de la experiencia» y responde: «podemos ir más allá de la experiencia *suponiendo* que lo que no sabemos es semejante a lo que sabemos [...] *suponiendo* que hay uniformidad en la naturaleza» [cursivas mías, *LEC*, p. 101]. Esto es: el principio de uniformidad de la naturaleza —que el futuro se conformará al pasado— se contempla como una especie de máxima que nos permite, por una parte, formarnos creencias cuyo alcance sobrepasa al de nuestra experiencia y, por otra, plantearnos nuevas preguntas sobre el mundo. Pero, ante la cuestión «¿Estamos obligados a creer entonces que la naturaleza es uniforme absoluta y universalmente?» la respuesta de Clifford es tajante: «Por supuesto que *no*» [cursivas mías, *LEC*, p. 104]. La razón, conjeturo, no es tanto que Clifford considerase que tal creencia estaría insuficientemente apoyada por la evidencia, sino que se trata más bien de que el principio de uniformidad de la naturaleza *no es un objeto posible de creencia*[30] tal como él la entiende. El principio en cuestión no pertenece, por así decirlo, al mismo «tipo lógico» que el enunciado, pongamos por caso, «si pongo la mano en el fuego me quemaré», sino que es una regla que nos justifica para formarnos creencias sobre lo que va más allá de nuestra experiencia —por ejemplo, la creencia de que si pongo la mano en el fuego me quemaré—. Pues la licitud de tales creencias se apoya siempre en el supuesto de que lo que *no* sabemos es semejante a lo que *sabemos*.

He aquí un segundo botón de muestra de malas comprensiones. En *LVC*, p. 127, James representa su actitud y la de

[30] La posición de Clifford tiene un cierto sabor wittgensteniano. En el *Tractatus* 6.32, Wittgenstein afirma que la ley de la causalidad no es una ley, sino la forma de una ley. Esta aparentemente paradójica afirmación puede leerse como la tesis de que la ley de causalidad no dice nada sobre el mundo, aunque sí de la forma a la que tiene que ajustarse cualquier enunciado que hable sobre él. De manera semejante, Clifford dice «si realmente ocurriera algún suceso que no fuera parte de la uniformidad de la naturaleza tendría dos propiedades: ninguna evidencia justificaría que alguien lo creyera [...], y ninguna inferencia merecedora de convertirse en creencia podría fundamentarse en ella en absoluto» [*LEC*, p. 104].

Clifford utilizando una brillante metáfora muchas veces citada. El grito de guerra de Clifford «¡Mejor vivir siempre sin creer que creer una mentira!» suena a los oídos de James como una recomendación completamente fantasiosa. Es, afirma, como si un general les dijese a sus soldados que lo mejor para no tener bajas es mantenerse siempre apartados del campo de batalla. Esta actitud probablemente garantizaría la integridad física de los soldados al precio de no ganar jamás batalla alguna. Ahora bien, esto que podemos denominar *cautela doxástica* es para James una actitud tan «pasional» como la actitud de *riesgo doxástico* que él defiende y que nos anima a descubrir la verdad aun a *riesgo* de caer ocasionalmente en el error. Pero con una desoladora desventaja, también según James, para el cauteloso: pues si seguimos su consejo, aunque evitaríamos el error nunca[31] alcanzaríamos los posibles beneficios de descubrir la verdad que comporta una actitud de riesgo. Ahora bien, Clifford tiene previsto en su ensayo una contestación explícita a los temores de James que este simplemente ignora. No solo afirma que «no hay razón para temer que la costumbre de investigar concienzudamente paralice las acciones de la vida cotidiana» [*LEC*, pp. 85-86], sino que reconoce que «hay muchos casos en los que es nuestro deber *actuar en función de las probabilidades*, aunque la evidencia no es tal que justifique la creencia presente» [cursivas mías, *LEC*, p. 86]. Lo que Clifford defiende es que en tales casos no tenemos necesidad alguna de «actos de fe» para apuntalar nuestras creencias, puesto que es por medio del mecanismo que opera «a través de esa misma acción [actuar en función de las probabilidades], y por la observación de sus resultados, como se obtiene la evidencia que puede justificar la futura creencia. Así que no hay razón para temer que la costumbre

[31] No se me oculta que los conceptos que usan tanto Clifford como James de «evidencia adecuada» o «evidencia suficiente» son extremadamente vagos y por ello problemáticos. No obstante, la observación que quiere hacer James vale de manera independiente de esa laxitud. Si nuestra actitud es la de evitar el error a toda costa, el nivel de exigencia evidencial puede hacerse cada vez más alto de manera que se produjese la parálisis doxástica y, por tanto, epistémica.

de investigar concienzudamente paralice las acciones de la vida cotidiana» [*LEC*, p. 86]. Es evidente entonces que Clifford no está patrocinando la suerte de quietismo doxástico que James le adjudica. Su preocupación era más bien de raigambre peirceana, puesto que «evitar investigar sobre el apoyo de cualquier creencia por el temor de que esté corrompido es tan inmoral como desventajoso»; la investigación sobre los fundamentos de las creencias debe llevarse a cabo siempre con los instrumentos más adecuados en cada momento —en este caso actuando, como él dice, en función de probabilidades— pero nunca aceptándolas de manera acrítica, haciendo que la fe desempeñe el papel que le corresponde a la evidencia.

2.2. La naturaleza social de la creencia

Clifford consideraba inmoral mantener una creencia simplemente

> para el disfrute y placer privado del que la cree; para añadir un esplendor falso al recto y diáfano camino de la vida y extender un deslumbrante espejismo ante él; o incluso para ahogar los habituales pesares de nuestra especie a través de un autoengaño que los reduzca al mismo tiempo que nos degrada [*LEC*, p. 80].

La condena ética de Clifford no solo abarca las creencias cuya adopción pueda causar algún daño a los demás —por ejemplo, el caso del armador, con el que se abre *LEC*, que decide creer contra toda evidencia que su barco es seguro, se pone en manos de la Providencia y llega causar la muerte de decenas de personas—, sino que su juicio se extiende también a «*todos* los casos de creencia, *sean estas las que sean*» [cursivas mías, *LEC*, 80]. No hay para él posibilidad alguna de delimitar un ámbito doxástico privado, para decirlo con palabras de Rorty, en el que cada creyente pueda hacer de su capa un sayo, siempre que con ello no cause perjuicio alguno a los demás. La inmoralidad de adoptar creencias *porque* uno decide hacerlo así es *intrínseca*. Cada uno de nosotros es dueño de sus propios sentimientos —de sus deseos, temores, esperanzas, etc.— que no le crean ni obligaciones ni responsabilidad alguna para con los demás[32]. Ahora bien, el caso de las creencias es distinto, pues, dice Clifford,

> si se ha aceptado la creencia basándose en una evidencia insuficiente, el placer es un placer robado. No solo nos engaña dándonos una sensación de poder que realmente no tenemos, sino que es un placer pecaminoso, porque se consigue burlando nuestro deber para con la humanidad. Este deber es el de guardarnos de tales creencias como de la peste, que puede en poco tiempo adueñarse de nuestro propio cuerpo y después extenderse al resto de la ciudad. ¿Qué pensaríamos de alguien que, por culpa de una fruta dulce, corriera el riesgo de contagiar a su familia y sus vecinos? [*LEC*, pp. 81-82].

¿Qué razones tiene que oponer a esto William James? Desde luego, James está de acuerdo en que tener evidencia adecuada es *condición suficiente* para justificar una creencia; no es su propósito poner en cuestión la sensata afirmación de Hume en el primer *Inquiry* de que «el hombre sabio pone sus creencias en proporción con la evidencia» [Hume (1975), X, 1, p. 110]. Es más, James reconoce incluso que esto es así en la mayor parte de los casos, tanto en asuntos científicos como ordinarios:

> Dondequiera que la opción entre perder la verdad y ganarla no sea asunto importante, podemos echar por la borda la oportunidad de *ganar la verdad*, y protegernos en cualquier caso de

[32] Véase Rorty (1997). Rorty defiende que la posición de Clifford exige el supuesto previo de la necesidad de distinguir entre creencia y deseo o, de manera más general, entre estados cognitivos y estados no cognitivos. La recomendación pragmatista de Rorty consiste, sin embargo, en procurar no tomar en cuenta si algo es una creencia, un deseo o un temor, etc., pues, en la medida en que responda a un proyecto privado, uno no debería preocuparse, como hace Clifford, por la *justificación moral de tenerlo*. Pero la distinción entre estados cognitivos y no cognitivos —que es la que, según él, se debería haber intentado desdibujar en *LVC* para ganarle la partida a Clifford— ya se da por sentada desde el principio del artículo, al proponerse defender James «la legitimidad de la fe voluntariamente aceptada». Rorty afirma que, de esa manera, James ya cede desde el principio la mayor parte del terreno a su adversario.

> cualquier oportunidad de *creer una falsedad,* no haciéndonos idea alguna sobre ningún asunto hasta que no se presente la evidencia objetiva. En cuestiones científicas, este es casi siempre el caso; e incluso en los asuntos humanos en general, la necesidad de actuar rara vez es tan urgente que sea mejor una creencia falsa para actuar de acuerdo con ella que no tener creencia alguna en absoluto [*LVC,* pp. 128-129].

El desacuerdo con Clifford reside más bien en que la posesión de evidencia suficiente no es *condición necesaria* de *toda* creencia. En los casos en los que no es posible decidir basándonos, como dice James, en «fundamentos intelectuales» uno tiene que tomar una decisión personal respecto de qué creer y sobre qué suspender el juicio:

> *Nuestra naturaleza pasional no solo legítimamente puede, sino que debe, optar entre proposiciones, siempre que se trate de una opción genuina que no puede ser decidida, dada su naturaleza, tomando como base fundamentos intelectuales; pues decir, en tales circunstancias, «No decida usted, deje la cuestión abierta», es en sí misma una decisión pasional —exactamente lo mismo que decidir sí o no—, y va acompañada por el mismo riesgo de perder la verdad* [*LVC,* p. 121].

Para James, estos casos cruciales se presentan cuando nos encontramos ante una opción que es simultáneamente —para expresarlo con su terminología— viva, forzada e importante. Una opción *viva* es la que se nos presenta como una posibilidad real dado el conjunto de creencias que ya poseemos. Así, por ejemplo, la creencia de que un duende deposita el correo todas las mañanas sobre la mesa de mi despacho no es una posibilidad real dadas mis creencias sobre cómo se reparte el correo en la universidad. Una opción es *forzada* cuando no puedo rehusar el escoger una de las alternativas sin estar de hecho tomando una decisión respecto a una de ellas. El menú de mi restaurante me ofrece la posibilidad de elegir entre flan y arroz con leche y puedo perfectamente tomar la decisión de no elegir nada y quedarme sin postre. Pero si la decisión se plantea entre elegir arroz con leche o no elegirlo —o entre creer que es un duende el que reparte el correo o no creerlo—

no optar por ninguna de las alternativas equivale pragmáticamente a no elegir arroz con leche de postre o no creer que es un duende el que reparte el correo[33]. Finalmente, una opción es importante (*momentous*) cuando tiene consecuencias significativas para quien la adopta: bien porque es una oportunidad única —si se te ofrece, por ejemplo, la posibilidad de participar en el primer viaje tripulado a Marte, tu rechazo te haría perder una gloria excepcional—, ya sea porque es irreversible, o ya sea porque, como la decisión de creer o no en el libre albedrío, marca una inflexión importante en el curso de tu vida.

Pues bien, es en estos casos en los que, de acuerdo con James, entra en juego nuestra «naturaleza pasional», que nos obliga a tomar la decisión de creer[34] aun careciendo de ele-

[33] Se ha argumentado [Bird (1986), pp. 167-9] que el que una opción sea forzada depende más de su modo de presentación que de su propia naturaleza. Pues considérese la opción entre (1) Creer en la existencia de Dios y (2) No creer en la existencia de Dios. James dice que un agnóstico no hace más que optar por (2). Cabe, sin embargo, mantener que (2) podría analizarse en (2′) Creer en la no existencia de Dios, y la genuina posición del agnóstico: (3) Suspender el juicio sobre (1) y (2′). Así, la pretendida opción forzada sería ilusoria: James estaría identificando falazmente (2) y (2′) o (2′) y (3). La respuesta pragmática de que no habría diferencia de conducta entre quien cree (2) porque (3) sin creer (2′) y quien cree (2) y (2′), podría no ser del todo convincente. James basa su argumentación en que la diferencia entre quien cree (1), por un lado, y quien no cree (1) o es agnóstico, se reduce a que quien cree (1) apuesta de modo pascaliano por los posibles beneficios de poner a prueba la hipótesis religiosa, mientras que el no creyente y el agnóstico no lo hacen. Pero Clifford podría replicar que el argumento de James vuelve a ser falaz. La diferencia entre (1) y (2) existe, pero nada nos fuerza a aceptar que la conducta del creyente y la del no creyente o la del agnóstico tengan que ser necesariamente distintas: podrían ser extensionalmente idénticas aunque intensionalmente distintas. O dicho sin tanto tecnicismo: nada impide que la conducta del creyente, del ateo y del agnóstico sean del mismo tipo aunque las creencias que mantienen cada uno de ellos (1), por una parte, y (2), (2′) o (3) sean distintas.

[34] ¿Pero nos fuerza *realmente* a tomar la decisión de *creer*? Russell [véase Russell (1966)] ha argumentado convincentemente que no. Consideremos el caso siguiente: he llegado a un cruce de dos caminos en el que no hay señalización alguna y no puedo simplemente sentarme a esperar: no me queda más remedio que tomar uno de ellos para llegar a mi punto de destino. ¿Quiere decir esto que si hago una elección tengo que creer *ipso facto* que es ese camino el que me llevará al lugar donde quiero ir? En absoluto: puede que, como dice Russell, mi decisión sea

mentos de juicio puramente intelectuales. Clifford y James solo difieren entonces de manera substantiva en sus respectivas concepciones de la creencia *en estos casos particulares*. El reproche de James consiste en que la concepción de la creencia de Clifford es inadecuada, puesto que no reconoce nunca otros intereses en la formación legítima de las creencias que los puramente intelectuales. Pero la respuesta de Clifford sería sin duda que en los casos aducidos por James en los que la evidencia y el argumento salen de la escena pública, la creencia —al menos la *creencia responsable*— tiene necesariamente que acompañarles en su retirada. Argumentar, como hace James, que en los casos de opciones vivas, forzadas e importantes es la voluntad la que toma la decisión de qué creer, sonaría a los oídos de Clifford como una argucia de tramposo. Sería como si alguien que está jugando a las cartas de acuerdo con ciertas reglas anunciase de pronto su decisión de violar esas mismas reglas a su favor, siempre que le vinieran mal dadas. James, diría Clifford, es muy libre de tomar la decisión de desear o esperar que exista el libre albedrío: después de todo tal determinación pertenece a *su ámbito privado*; pero no le está permitido adoptar por sí y ante sí la decisión de *creerlo*. Pues por lo que a la creencia concierne, lo que cuenta como una opción viva, forzada e importante es un *asunto público* que solo puede dilucidarse tomando como base la evidencia y el argumento, esto es: las reglas públicas habituales para la justificación de cualquier creencia.

Uno de los aspectos más curiosos de *LVC* es, como ha señalado Hollinger [Hollinger (1997), pp. 76 y ss.], la poca o nula atención que James presta a las consecuencias socia-

forzada «desde el punto de vista de la acción», pero *no desde el punto de vista de la creencia,* pues, aunque no pueda dejar de tomar uno de los dos caminos, puedo perfectamente suspender mi creencia —aunque quizás no mi deseo— de que ese será el que me llevará donde pretendo. Es cierto que, como veremos más adelante, James da por supuesto que la creencia es siempre un modo particular de estar presto a la acción y *también* que cualquier acción conlleva la creencia a la que uno está presto. Pero esto no parece que sea generalmente verdadero. Cuando, por ejemplo, uno compra un décimo de lotería no lo hace teniendo la creencia —como distinta, por ejemplo, del deseo— de que ese es el número que será agraciado en el sorteo.

les de la creencia. Clifford subraya en su artículo una y otra vez —debe reconocerse que en muchas ocasiones en tonos ridículamente patéticos— los peligros sociales que se ciernen sobre los individuos cuando la «ética de la creencia» se relaja; hasta el punto en que llega a afirmar que «el hombre crédulo es padre del mentiroso y del estafador» [*LEC*, p. 83]. A James, sin embargo, le interesa más defender el derecho de los individuos a vivir de acuerdo con su propia sensibilidad, sin dar excesiva importancia a que, como dice Clifford, la gente viva en su «castillo en el aire de dulces ilusiones y mentiras adorables» [*LEC*, p. 83]. La aparente despreocupación de James por los efectos públicos de nuestras creencias en *LVC* es tanto más sorprendente si tenemos en cuenta cómo este durante toda su vida mantuvo un interés casi obsesivo por las consecuencias prácticas de las creencias, particularmente de las creencias religiosas [véase *LVC*, nota 3]. Pero mientras que Clifford insistió una y otra vez en los catastróficos resultados de la credulidad pública, James decidió evitar el asunto y, si acaso, quitarle hierro alegando que «nuestros errores seguramente no son cosas tan terriblemente solemnes» [*LVC*, p. 128].

2.3. ¿SE PUEDE TOMAR LA DECISIÓN DE CREER?

Podemos resumir la discusión de las, hasta ahora, similitudes y diferencias entre las posiciones de Clifford y James diciendo que ambos están de acuerdo en que son creencias legítimas las que, para decirlo de nuevo en términos de Hume, guardan proporción con la evidencia[35] que las sustenta. Clifford defiende que estas y solo estas son creencias legítimas.

[35] Insisto en que soy consciente de los problemas que plantea determinar, tanto en el caso de Clifford como en el de James, el alcance exacto del término «evidencia», pero no es mi intención tratarlos por extenso aquí. Solo quiero señalar que bajo este término Clifford incluye —y James no pone objeción alguna— tanto nuestras experiencias, como «lo que va más allá de nuestra experiencia solo cuando se infiere de esa experiencia, suponiendo que lo que no sabemos es semejante a lo que sabemos», así como «la afirmación de otra persona cuando hay

Por el contrario, James sostiene que puede identificarse un ámbito en el que algunas creencias se consideran legítimas sin pasar por el filtro público de la evidencia y el argumento. Son los casos en los que tomamos la decisión de creer, los casos en los que la *voluntad de creer* entra en juego.

Pero ¿es esto posible? Un conocido artículo de Bernard Willians [Williams (1973)][36] sostiene que creer algo, así por las buenas (*just like that*), no es solo, como Clifford defiende, inmoral aunque *posible*, sino que se trata de una *imposibilidad conceptual*[37]. El nervio argumental de ese artículo explota la especial conexión entre creencia y verdad que ya se había puesto de manifiesto en la célebre paradoja[38] de Moore. Su punto de partida es que «las creencias aspiran a la verdad», esto es: que el enunciado «Creo que *p*» conlleva de algún modo la afirmación de que *p* es verdadera. Conectado

base razonable para suponer que sabe de qué está hablando, y que está diciendo la verdad en la medida en que la conoce» [*LEC*, p. 105].

[36] El artículo de Williams advierte de forma explícita que no va a tratar de creencias morales o religiosas, sino solo de «creencias fácticas ordinarias». Tampoco se hace en él referencia explícita alguna a la disputa entre Clifford y James, aunque espero que resulte obvio su pertinencia para este debate.

[37] La tesis de Williams se parece extraordinariamente al tratamiento que Hume hace de la creencia, si bien este defiende que la imposibilidad de creer a voluntad es psicológica: «Se sigue, por tanto, que la diferencia entre *ficción* y *creencia* reside en algún sentimiento o sensación que va aparejado a la última y no a la primera, y que no depende de la voluntad ni se puede controlar a placer. Tiene que ser inducida por la naturaleza al igual que todos los demás sentimientos, y tiene que resultar de una situación particular en la que la mente está colocada en una coyuntura particular. Siempre que se presenta de forma inmediata cualquier objeto ante la memoria o los sentidos, por la fuerza de la costumbre, obliga a la imaginación a concebirlo; y esta concepción va acompañada de una sensación o sentimiento que es diferente de las vagas ensoñaciones de la imaginación. En esto consiste toda la naturaleza de la creencia» [Hume (1975), V. II. 39].

[38] Nótese que la llamada «paradoja de Moore» —formulada, por ejemplo, como «Creo que *p*, pero *p* es falsa»— no es una contradicción. Si lo fuera, la proposición «*A* cree que *p*, pero *p* es falsa» tendría que ser contradictoria, aunque tal proposición, como no se le escapará a nadie, es muchas veces verdadera. La paradoja surge solo cuando el enunciado aparece en primera persona, pues es en ese caso cuando la afirmación de que creo que *p* conlleva la de que *p* es verdadera.

con este rasgo crucial está el hecho de que, como también Hume ya había puesto de manifiesto, la creencia es un fenómeno *pasivo*, algo que *no hacemos* nosotros, sino que *nos sucede*. Pero *contra* Hume, Williams piensa que esto último no es meramente una característica contingente de la creencia, sino que forma parte del propio concepto de creencia. De este modo, tendríamos una división entre cosas sobre las que podemos decidir —que estarían, por tanto, sujetas a la voluntad— y cosas sobre las que no podríamos decidir y que escaparían, por tanto, a nuestro control. Entre estas últimas hay algunas que son *necesariamente involuntarias* y otras que solo lo son *contingentemente*. Williams pone como ejemplo de las segundas el ruborizarse. Es cierto que podríamos concebir que alguien se ruborizase «a voluntad», bien colocándose a sabiendas en una situación en la que sintiera vergüenza, o tratando de imaginarse a sí mismo lo más vívidamente posible en una situación embarazosa. Ahora bien, en estos casos lo que tendríamos sería una situación en la que no nos ruborizaríamos a voluntad «así por las buenas», sino, por así decirlo, «dando un rodeo». El caso en el que se podría hablar de que uno se ruboriza *genuinamente* a voluntad sería aquel en el que tal cosa se logra solo *porque uno quiere*, no de modo distinto a cuando, por ejemplo, alguien contiene la respiración simplemente porque así lo decide. Si bien no parece que haya nadie que sea capaz de realizar semejante hazaña por lo que respecta al rubor, tampoco es evidente que tuviera que haber impedimento conceptual alguno para ello. Esto quiere decir entonces que ruborizarse es solo *contingentemente involuntario*. Ahora bien:

> La creencia no puede ser semejante a esto [ruborizarse]; no es un hecho contingente el que yo no pueda hacer, así por las buenas, que crea algo, del mismo modo que es un hecho contingente el que yo no pueda hacer, así por las buenas, que me ruborice. ¿Por qué esto es así? Una razón está conectada con la característica de las creencias y que consiste en que apuntan a la verdad. Si pudiera adquirir una creencia a voluntad, podría adquirirla tanto si era verdadera como si no; además sabría que podría adquirirla tanto si era verdadera como si no. Si, siendo

> completamente consciente, pudiera querer adquirir una «creencia» prescindiendo de su verdad, no está claro que antes de que esto sucediera pudiera pensar seriamente que se trataba de una creencia, esto es: que se trataba de algo que intenta representar la realidad. Como mínimo, tiene que haber una restricción sobre lo que es el caso después de que haya sucedido la pretendida adquisición; pues no podría entonces, siendo completamente consciente, considerarla como una creencia mía, esto es: como algo que considero verdadero, y saber también que la he adquirido a voluntad. No puedo saber respecto de ninguna creencia —ni tan siquiera sospechar, si es que todo el proceso lo llevo a cabo de manera completamente consciente— que la he adquirido a voluntad [Williams (1973), p. 148].

Hay dos puntos que me gustaría comentar sobre la argumentación de Williams puesto que inciden de manera especial en algunos aspectos del debate entre Clifford y James. En primer lugar, Williams está hablando de hacer surgir creencias a voluntad «así por las buenas» y, en este sentido, su argumentación parece razonable. No es posible, pongamos por caso, que me forje ahora mismo la creencia «así por las buenas» de que la Tierra es el centro del sistema solar. El propio James en *LVC*, p. 115, tacha a esta pretensión de «ridícula». Pero esto no muestra todavía que la voluntad no desempeñe papel alguno en la formación de creencias. Tampoco es razonable suponer que uno pueda adquirir hábitos de estudio o de dejar de fumar «así por las buenas», sin que ello sea óbice para admitir que la voluntad tiene una notable intervención en ambos procesos. Hay otros modos de hacer surgir creencias en los que, en expresión de Williams, «se da un rodeo» y en los que *sí* podría tomar parte la voluntad. Volveré sobre este asunto dentro de un momento.

Gran parte de la sensación de extrañeza que produce plantear el que me pueda forjar creencias a voluntad «así por las buenas» —y este es el segundo punto que quisiera comentar— se debe al modo que tiene Williams de plantear el problema. Pues en su artículo no distingue entre (1) alguien que decide creer *p* cuando cree no-*p porque tiene evidencia conclusiva para ello,* y (2) alguien que decide creer *p* cuando no cree ni *p* ni cree no-*p porque la evidencia no es conclusiva* para ninguna de las dos alternativas[39]. No parece razonable que pueda hacer surgir en mí por un acto de voluntad la creencia de que la Tierra es el centro del sistema solar, puesto que creo (de hecho, *sé*) que no es ese el caso. Aquí, el argumento de Williams es claro: si pretendo en estas condiciones forjarme a voluntad la creencia de que *p*, lo intento sin tener en cuenta la evidencia conclusiva de que no-*p* es el caso, esto es: pasando por alto que *p* es falsa. ¿Cómo puedo entonces pensar que me estoy forjando una *creencia*, esto es: algo que intenta representar la realidad?[40]. Es cierto, como dice Williams [Williams (1973), p. 147] —pero también James en *LVC*, p. 118—, que existe efectivamente una *conexión entre decisión y creencia*, aunque se trata de una conexión entre *decir que creo* que *p* es el caso, *decir que creo que* no-*p* es el caso, o *no decir* nada. Pero, naturalmente, esto no es decidir creer; es decidir *decir* o decidir *no decir* lo que creo.

Sin embargo, no es del todo obvio que el razonamiento de Williams funcione *contra* James bajo el supuesto (2). Pues él aduce que hay algunas ocasiones en las que es necesario creer y actuar de acuerdo con una creencia sin evidencia suficiente, o que hay casos en los que la evidencia a favor y en contra de una proposición está equilibrada y se necesita tomar una decisión. El propio James reconoce, como se ha visto, que, en el caso de las ciencias, e incluso en los asuntos humanos, estas situaciones son escasas. Ahora bien, ¿no es razonable suponer que el propio hecho de que existe una distinción entre conocimiento y creencia —con distintos *grados* dentro de esta última— nos autoriza a forjarnos creencias en las circunstancias enunciadas por (2)? Desde luego no se trata de creencias que surjan «así por las buenas»; tenemos alguna evidencia no conclusiva y *decidimos* creer y actuar como si lo fuera. Ahora bien, los casos de la intervención de la voluntad en los que

[39] Puede que Williams tenga razones para no considerar pertinente para su argumento el introducir estas puntualizaciones; en cualquier caso, solo quiero hablar aquí de la sensación de «extrañeza» que produce el planteamiento.

[40] Paso aquí por alto el hecho de que tal pretensión implica que en algún momento tendría que creer a la vez *p* y no-*p*.

James incide especialmente —los casos de creencias morales y religiosas— son aquellos en los que no solo carecemos de evidencia concluyente, sino que, *por principio*, no tenemos acceso a ella[41], *al menos como punto de partida*. Sin embargo, dice James, arrostramos el riesgo de adoptar creencias de ese tipo teniendo en cuenta los posibles beneficios que podrían reportarnos caso de ser verdaderas, pues no adoptarlas sería renunciar de antemano a ellos. Naturalmente, cabe aquí de nuevo la queja de que estos no pueden ser considerados legítimamente como casos de creencia, sino como deseos, expectativas, etc. Pero aceptar sin más estas pretensiones sería dar una definición estipulativa de «creencia» que no movería un ápice los términos del debate. Williams es mucho más cauto: recordaría que su discusión se limita al ámbito de las creencias fácticas corrientes y deja fuera del debate las creencias religiosas y morales en las que la «aspiración a la verdad» es altamente problemática. Pero entonces, y hablando en términos pragmáticos, el debate queda de nuevo estancado: Clifford, James y Williams se aproximan bastante[42] cuando el alcance de la discusión se limita a «casos lisos y llanos de creencias fácticas».

[41] La posición de James respecto de la creencia religiosa debe distinguirse de una más extrema, por ejemplo, la de raigambre kirkegaardiana. En *LVC* James insiste en hacerle un lugar a la fe dentro de un armazón científico, argumentando a favor de la legitimidad de ciertas excepciones en la formación de creencias voluntarias que, a continuación, son puestas a prueba utilizando métodos racionales. Pero cabría defender que las creencias religiosas exigen como *requisito conceptual* el que carezcamos de toda evidencia para su verdad, incluso para poner a prueba la hipótesis. De este modo, es la propia imposibilidad de proporcionar evidencia —pues la evidencia siempre *podría* ser falsa y el compromiso religioso no puede descansar sobre algo que tenga tal rasgo— la que sería una buena razón para adoptar una creencia religiosa, bien sin evidencia, o incluso en contra de ella.

[42] Desde luego, podría seguir habiendo diferencias. Williams afirmaría que la imposibilidad de forjarnos creencias fácticas no basadas en la evidencia sería conceptual, algo de lo que no está lejos James cuando afirma que tal pretensión es ridícula. Clifford no discute explícitamente este punto, pero mi opinión es que —en casos lisos y llanos de creencias fácticas— él consideraría inmoral intentar hacer pasar por creencia lo que es un deseo o esperanza.

2.4. Creer «dando un rodeo» y otras variedades de creencias «voluntarias»

Retrato en 1691 de Blaise Pascal, matemático, físico, filósofo, teólogo católico y apologista francés.

Concedamos con James —y con Williams— que resulta «ridículo» creer algo «así por las buenas» contra toda evidencia (Clifford diría que es posible, aunque inmoral). Pero, afirma Williams, «todavía puede decirse que queda espacio para la aplicación de la decisión a la creencia dando un rodeo» [Williams (1973), p. 149][43]. Un primer ejemplo —que James menciona en *LVC*, pp. 114-115— lo brinda Pascal en los *Pensamientos*. En esta obra, hay un célebre pasaje conocido como «la apuesta de Pascal» que, como afirma James, no es quizá tanto el enunciado del argumento en virtud del que Pascal cree en la existencia de Dios, cuanto «[...] un argumento para los demás, una última andanada llena de desesperación contra la dureza del corazón incrédulo» [*LVC*, p. 115]. El argumento de Pascal, en su fase definitiva, conmina al incrédulo a aceptar que, como lo que este pone en juego si apuesta es finito, lo *racional* es apostar por la existencia de Dios si tenemos en cuenta que se puede ganar una vida infinitamente feliz, incluso si hay una posibilidad de ganar frente un número limitado de posibilidades de perder [Pascal (1981), p. 129]. Ahora bien, supongamos que alguien está convencido de la racionalidad del argumento pero, a pesar de todo, dice:

[43] Williams distingue entre dos modos en los que uno puede tomar la decisión de creer «dando un rodeo», de acuerdo con los motivos que se tengan para creer. Uno puede tomar la decisión de creer apelando a (1) motivos centrados en la verdad o a (2) motivos no centrados en ella. Si la decisión tiene motivos de tipo (1), entonces *querer creer algo* significa *querer que eso sea el caso,* y todo el mundo sabe que la creencia, por fuerte que sea, no hace que algo sea el caso. (Russell, en su debate sobre la existencia de Dios con el padre Copleston, le recuerda a este que en Japón no se consideraba que nadie fuese un escritor de novelas de éxito hasta que al menos no se suicidaban diez personas enamoradas de la protagonista; ¡hasta ese punto creían firmemente en su existencia! Pero el suicidio no hace a la protagonista ni un ápice más real). Pero si la decisión tiene motivos de tipo (2) —porque, por ejemplo, resulta más confortable personal o socialmente creer algo— Williams admite que podría ser posible creer a voluntad de este modo, que el proyecto así concebido no es incoherente, aunque sí irracional. Además, dada la imbricación cerrada que existe entre las creencias, no sería este un asunto fácil: el creer que algo es o no es el caso independientemente de su verdad arrastra creer o dejar de creer un número indefinido de cosas relacionadas directa o indirectamente con la creencia original y, por consiguiente, hacer caso omiso de la evidencia de que dispongamos. Tal proyecto, pues, no se distingue para Williams del autoengaño. Nuevamente, dado que Williams solo quiere analizar creencias basadas en la evidencia, tanto Clifford como James podrían no tener inconveniente en aceptar sus conclusiones.

> Sí; pero tengo las manos atadas y la boca enmudecida, se me obliga a apostar y no tengo libertad; no se me deja y estoy hecho de tal manera que no puedo creer. ¿Qué queréis que haga? [Pascal (1981), p. 129].

La respuesta de Pascal es:

> Es verdad, pero daos cuenta, al menos, de que vuestra incapacidad para creer procede de vuestras pasiones. Puesto que la razón os lleva a ello, y que, sin embargo, no podéis conseguirlo. Trabajad, pues, no en convenceros por medio de la acumulación de pruebas acerca de la existencia de Dios, sino por la disminución de vuestras pasiones. Queréis llegar a la fe y no sabéis el camino. Queréis curaros de vuestra infidelidad y preguntáis los remedios que hay para ello; aprended de los que, etc., han estado maniatados como vosotros y que apuestan ahora todos sus bienes. Estas son gentes que conocen el camino que querríais seguir y que están curadas del mal que vosotros querríais curar; seguid el modo con el que ellos han comenzado. Consiste en hacer todo como si creyesen, tomando agua bendita, encargando misas, etc. Naturalmente, eso mismo os hará creer y os embrutecerá [Pascal (1981), pp. 129-30].

En este pasaje, Pascal no le está pidiendo al incrédulo que busque nueva evidencia en la que basar su creencia en Dios. Desde su punto de vista alguien que entienda el argumento de la «apuesta» tiene *ya* toda la evidencia y es simplemente irracional si no cree. Debe proceder «disminuyendo» su «naturaleza pasional». ¿Cómo? Lo que Pascal le pide al incrédulo es un acto de voluntad que consiga de forma gradual que la hipótesis de la existencia de Dios se le presente, como diría James, bajo la luz de una opción viva, de manera que la creencia —dado su argumento— se presente «de modo natural». Téngase en cuenta que el caso que Pascal contempla no es simplemente el de alguien que, convencido racionalmente, hace la apuesta pero no es capaz de creer. El incrédulo es simplemente alguien que *no es capaz de apostar* por la existencia de Dios, alguien que no tiene fe. Su consejo es tomar ejemplo de los que lo apostaron todo, empezando, por así decirlo, con pequeños envites —tomar agua bendita, encargar misas, etc.— de manera que, de modo natural, uno se vea un buen día apostando su propia vida, esto es: creyendo en Dios. Ciertamente, no es este un caso en el que la voluntad dé lugar a una creencia «así por las buenas», pero sin duda la voluntad desempeña aquí un papel no trivial. El incrédulo al que alude Pascal no puede lograr que sus escrúpulos para hacer la apuesta se desvanezcan al instante por un simple acto de su voluntad, pero sí puede tomar la determinación de acallarlos poco a poco, tanto volviendo a considerar la evidencia que ya tiene bajo aspectos distintos, como revisando sus propios mecanismos de generación de creencias a medida que sus apuestas van subiendo. Por supuesto, las apuestas han de hacerse sobre opciones vivas: no parece posible, como dice James, inducir a un turco a apostar por la existencia de Dios recomendándole que encargue misas y tome agua bendita. Pero así y todo ¿no deberíamos distinguir entre la apuesta y la creencia?[44] Volveré sobre este asunto dentro de unos momentos.

Lo que Williams coloca bajo el rótulo «creer dando un rodeo» son, a mi juicio, casos particulares en los que la voluntad interviene en la formación de creencias como producto de alguna especie de plan consciente. Pero James analiza también en *LVC* algunas otras situaciones en las que —sin que haya aparentemente ningún tipo de diseño previo— resulta necesario que, para descubrir la verdad de una proposición *p*, uno tenga que creer en la verdad de *p sin tener evidencia suficiente*. De este modo, se imagina el siguiente caso en el que están involucradas relaciones personales:

> *¿Te gusto o no?* El que sea o no así depende, en innumerables casos, de si congeniamos, de si estoy deseando suponer que debo gustarte, y mostrarte confianza y ciertas expectativas. La fe previa por mi parte en la existencia de tu cariño es en tales casos lo que hace que tu cariño surja. Pero si me mantengo a distancia y rechazo moverme un centímetro hasta que tenga evidencia objetiva, hasta que tú hayas hecho algo adecuado, como dicen los absolu-

[44] Wernham (1987), pp. 75-80 —de quien tomo esta interpretación de Pascal—, defiende que el argumento de la apuesta no es un mero preámbulo para la fe, sino que *apostar* por la existencia de Dios y *creer* tienen que ser lo mismo en el caso de la creencia religiosa.

tistas, *ad extorquendum assensum meum*, apuesto lo que sea a que tu cariño nunca surgirá [*LVC*, pp. 133-134].

Esto es: en una situación semejante James mantiene que uno no puede dar lugar a que otra persona sienta afecto por él si él mismo no da el paso previo de creer *sin evidencia concluyente* que ya tiene el cariño de ella y actúa en consecuencia. Es cierto que en estos casos uno puede tener buenas razones para comportarse de determinadas maneras, pero la cuestión de la que tratamos aquí es la de la *evidencia*, que es precisamente lo que falta. Con todo, podría argumentarse que este ejemplo de James es un caso en el que *sí* se actúa teniendo en cuenta la evidencia. Por ejemplo, yo doy el paso de creer sin evidencia que te gusto porque tengo *evidencia* de que en casos similares las relaciones personales solo florecen si tal cosa sucede. Se pueden formular, desde luego, algunas reglas «empíricas» para el cortejo que las personas podrían seguir tácita o explícitamente. Pero esto solo mostraría que la evidencia apoya regularmente el éxito —al menos en algunos casos— de la formación voluntaria de creencias para las que, aunque pueda haber razones, no hay aún evidencia.

Este caso tiene una forma algo semejante a la de la hipótesis religiosa. Como el anterior, no tiene, por supuesto, el carácter de creencia formada «así por las buenas», aunque parece innegable que en ambos casos aparece la voluntad tomando parte en una especie de juego de seducción. La evidencia de que tú me quieres solo sale a la luz si yo, por un acto de voluntad, doy evidencias de que creo —sin tener evidencia por mi parte— que efectivamente me quieres. De alguna manera, parte del atractivo consiste en que el otro se dé cuenta de mi apuesta, de que te doy muestras de que me gustas, desarmado como estoy de toda evidencia. James piensa que la religión ejerce su encanto sobre nosotros de una manera similar: la hipótesis religiosa nos hace ver que la evidencia a su favor *nos será negada siempre*, a no ser que, por un acto de voluntad, salgamos a su encuentro, desarmados nuevamente de toda evidencia. La queja de James contra

Clifford es que este considera que tales casos no es que sean imposibles, sino inmorales. Pero tanto en los casos de relaciones personales, como en el de la hipótesis religiosa —como en algunos más, citados en *LVC*— James parece pensar que tal juego de seducción no solo es éticamente correcto, sino que es *parte integrante* de que las relaciones personales, la religión, e incluso de que determinadas tesis filosóficas como el libre albedrío, etc., puedan alguna vez desarrollarse. Es esta la razón por lo que le parece simplemente irracional seguir a Clifford en este punto y dejar nuestra naturaleza volitiva fuera de juego en el proceso de formación de creencias, pues: «[...] *una regla de pensamiento que me impidiera completamente conocer ciertas clases de verdad, en el caso de que esas clases de verdad estuvieran verdaderamente allí, sería una regla irracional*» [*LVC*, p. 138]. Seguir una regla de este tipo sería una decisión de nuestra naturaleza «pasional» —la postura de Clifford— en la misma medida que no seguirla —la opción que James toma—. De hecho, lo que Clifford hace es, según James, no poner a prueba la hipótesis religiosa o la de la existencia del libre albedrío. De este modo, está ya *decidiendo no creer* sobre fundamentos no intelectuales y, con ello, perdiendo los *posibles* beneficios que podrían seguirse del hecho de contemplar esas hipótesis.

2.5. LAS HIPÓTESIS CIENTÍFICAS Y LA HIPÓTESIS RELIGIOSA

David Hollinger [Hollinger (1997)] y Richard Rorty [Rorty (1997)] han subrayado que *LVC* tiene cierto carácter excepcional dentro de la obra de James. Se trata, dice Hollinger, de un brillante «espasmo» en el que James intentaría desesperadamente proteger de toda posible crítica a la creencia religiosa procediendo, como ha dicho Rorty, a su «privatización». Esta actitud no parece casar demasiado bien con los modos de hombre de ciencia que James cultivaba, incluso cuando se ocupaba de la religión. Algunos de sus contemporáneos también tenían esta percepción: su inclinación a erigirse en «protector» de la fe disgustaba a su buen amigo Peirce e hizo incluso que uno de sus íntimos, el juez Holmes, se quejase amargamente de que lo que James hacía era «apagar las luces para darle una oportunidad al milagro». A diferencia de Clifford, para quien las creencias religiosas eran solo casos particulares de creencia y que, como tales, tenían que someterse a las constricciones lógicas y empíricas generales, James siempre estuvo interesado en concederles, al menos en parte, un estatuto especial. Creo, sin embargo, que estas apreciaciones que, en general, son correctas, necesitan un enfoque algo más nítido de sus detalles que nos permitan valorar en sus justos términos tanto la riqueza de la posición de James como la complejidad del debate.

James pensaba sin duda que su actitud general era genuinamente científica y que, en particular, su posición respecto de la religión tenía ese carácter. Defendía, por ejemplo, la existencia de una acusada similitud entre la hipótesis religiosa y las hipótesis científicas, hasta el punto de afirmar que «fe e hipótesis que funciona son sinónimos» [James (1897), p. 95]. Ahora bien, plantear hipótesis, someterlas a prueba y aceptarlas o rechazarlas son quehaceres cotidianos de los científicos, que no confieren ningún blindaje especial a la hipótesis religiosa. James pretende que proponer tal hipótesis es legítimo, aunque no se base en fundamentos intelectuales —en «evidencia»— porque la hipótesis religiosa se ajusta al mismo procedimiento que muchas otras hipótesis científicas. Particularmente, el que carezca de fundamentos intelectuales no quiere decir que, *una vez planteada*, no se pueda operar con ella basándonos en evidencia. En lo que James insiste cuando habla de la necesidad de salir a «medio camino» al encuentro de la hipótesis religiosa es que, de no hacerlo, perdemos incluso, por decirlo *à la* Pascal, los beneficios cognitivos que obtendríamos en el proceso conducente a su verificación, los beneficios de poder decidir, una vez puesta la hipótesis sobre la mesa, acerca de su racionalidad[45]. El que propone una

[45] James está convencido de que aceptar la hipótesis religiosa «paga» siempre beneficios, *incluso si resulta ser falsa*. Como mínimo, el creyente, defiende James, tendría siempre un «estado de ánimo más vigoroso» [*strenous mood*] que el

hipótesis y la somete a prueba tiene el riesgo de perder si la hipótesis es falsa, pero si se abstiene de plantearla renuncia de antemano a cualquier ganancia. Si esto es así, no le falta razón a Hollinger cuando afirma que este modo de defender la creencia religiosa «cae —por paradójico que parezca— dentro del armazón de Clifford», pues «la "evidencia" es la que ha de decidir los méritos de la religión a largo plazo y le toca a la gente que cree en la religión salir fuera y obtener esa evidencia exponiendo sus queridas ideas al riesgo empírico» [Hollinger (1997), p. 81][46].

Pero el cuadro general no es tan armonioso como parece. Pues, aun admitiendo que en la propuesta de hipótesis científicas no concurran solo razones de índole intelectual, siempre podemos alegar que un científico *puede* creer su hipótesis, pero una persona religiosa *tiene que* creer su hipótesis. El científico, una vez que plantea sus hipótesis, intentará encontrar toda la evidencia disponible para probar si son verdaderas, pero ni siquiera necesita conducirse *como si* creyera que lo son. Mientras que la evidencia sea menos que concluyente, su actitud puede ser perfectamente la de un agnóstico. Naturalmente, no se excluye que haya científicos que *también*

agnóstico. Pero esto establece sin duda una brecha entre las hipótesis científicas y la hipótesis religiosa; pues es solo esta la que, aun siendo falsa, proporciona tan asombroso beneficio. Ningún científico aceptaría de buen grado que le pudiera ir mejor con la hipótesis falsa que con la verdadera.

[46] Wernham [Wernham (1987), pp. 102-3] interpreta así la posición de James sobre la puesta a prueba de la hipótesis religiosa. La hipótesis religiosa es, como toda hipótesis, un instrumento de investigación y, por tanto, es valiosa en cuanto que permite hacer avanzar la investigación en cuyo seno se plantea. Esto último solo se logra si una hipótesis cumple dos condiciones: 1) debemos saber qué más cosas conlleva la hipótesis y 2) si lo que conlleva es verdadero. En opinión de Wernham, James estaba convencido de que el teísmo no cumplía la segunda de las condiciones. Si esto es así, no cabe duda de que James no juega limpio cuando presenta la hipótesis religiosa como una hipótesis ordinaria. Admitamos que, aunque su planteamiento no está basado en la evidencia, se la *puede* tratar —una vez introducida— racionalmente. Pero si no hay manera de decidir acerca de la verdad de sus consecuencias y, a la vez, insistimos en seguir contemplándola como hipótesis, es solo un ardid dialéctico decir que, al proponerla, estamos poniendo algo en riesgo, pues lo cierto es que ya sabemos de antemano que está blindada ante toda evidencia.

crean en sus hipótesis o que actúen *como si* fuesen verdaderas. Pero esto es, por así decirlo, algo que va «de propina»: no es constitutivo de la conducta del científico el que crea que sus hipótesis son verdaderas. El creyente, sin embargo, parece que no solo tiene que comportarse como si creyese que la hipótesis religiosa es verdadera; la única posibilidad conceptual para el creyente es creer *ya* que lo es. La relativa novedad del panorama que dibuja James consiste en que tal paso es crucial para poder creer racionalmente, para que se nos revele la evidencia que nos permita habérnoslas con la fe desde presupuestos «intelectuales». Contra Clifford, James quiere defender que es legítimo embarcarnos en la hipótesis religiosa porque es nuestra mejor apuesta y acepta que la razón no puede decidir nada por sí misma en este campo. Ahora bien, esto no quiere decir que la razón quede muda en todo el proceso: nos indica que tomando el camino de la fe siempre ganaremos, incluso si la hipótesis religiosa resultase ser falsa.

Hemos dejado en el aire la cuestión de si no habríamos de distinguir entre la apuesta y la creencia, y sobre ello voy a decir algunas cosas a modo de conclusión. Desde luego, apuesta y creencia son cosas distintas. La razón no es, en principio, de orden moral. No se trata de que, ante las razones de Pascal, sintamos, como dice James, «que una fe en la misa y el agua bendita adoptada de manera totalmente voluntaria después de tal cálculo mecánico carecería del espíritu íntimo de la realidad de la fe; y si estuviéramos en el lugar de Dios, probablemente encontraríamos un placer particular en despojar de su recompensa infinita a los creyentes que siguiesen este modelo» [*LVC*, p. 115]. Se trata de una diferencia conceptual: lo mismo que cualquiera de nosotros puede apostar a un caballo sin creer que va a ganar y al científico le está permitido apostar por una hipótesis sin creer en su verdad, la creencia religiosa no puede entenderse *solo* como apuesta. El argumento de la apuesta puede ayudarme a vencer mis escrúpulos racionalistas en el caso de que los tenga; puede convencerme de que apostar por la hipótesis religiosa es lo que haría alguien que fuese racional. Pero en el caso de la hipótesis religiosa apostar *tiene que ser* creer que el teísmo es verdadero[47].

La explicación que James ofrece de la creencia en los *Principios* contiene quizás la clave de esta extraña asimiliación de las hipótesis científicas a la hipótesis religiosa. Para él, la creencia se mide por la prontitud a actuar de acuerdo con las dos tesis siguientes: (1) nadie cree una proposición si no está pronto a actuar de acuerdo con ella. Téngase en cuenta que (1) no implica que todas las proposiciones que uno cree hayan de tener reflejo en sus acciones; solo exige que, si alguien cree determinada proposición y la situación se presenta, no puede dejar de actuar de acuerdo con ella. (2) Alguien que está pronto a actuar de acuerdo con una proposición tiene también que creerla. Así, por ejemplo, la creencia de un investigador en una hipótesis se mide por su prontitud a actuar de acuerdo con ella, pues «un químico considera que una hipótesis es tan viva que emplea un año en verificarla: *cree en ella* hasta ese punto» [cursivas mías, *LVC*, p. 113]. Por otra parte, James también afirma que «*el que nos prohíbe creer* que la religión es verdadera, necesariamente *también nos prohíbe actuar* como deberíamos si creyéramos que es verdadera» [cursivas mías, *LVC*, p. 139, nota 22]. Pero entonces se sigue como consecuencia que el investigador de la naturaleza que actúa de acuerdo con una hipótesis tiene necesariamente que creerla, pues, en caso contrario, no podría actuar de acuerdo con ella. Como apostar es un modo de actuar, James ha de consentir en que el que apuesta por cualquier hipótesis tiene también que creer en la verdad de esa hipótesis. No hay, desde su punto de vista, posibilidad de que alguien apueste *meramente*. Pero tampoco es posible que un investigador suspenda el juicio sobre la hipótesis en la que investiga hasta

[47] No quiero entrar aquí a discutir las que parecen ser complejas relaciones entre «apuesta» y «creencia» ni mucho menos ponerme a hacer exégesis de textos filosóficos. Solo quiero subrayar que, si se analiza la creencia como la «apuesta» por una hipótesis, entonces tiene que haber una diferencia conceptual entre la apuesta religiosa y los demás tipos de apuesta. Para la explicación de las razones de James para identificar creencia con el estar presto a actuar, véase Wernham (1987), pp. 64-5.

que la evidencia sea concluyente. Si continúa investigando para fundamentar su hipótesis *tiene que* creer que es verdadera. Todo ello casa bien con el deseo de James de no otorgar aparentemente ningún estatuto especial a la hipótesis religiosa. Pero convertir a todo investigador en un creyente es, a mi juicio, pagar un precio demasiado alto.

* * *

Bibliografía

Obras de William K. Clifford

CLIFFORD, W. K. (1879), *Lectures and Essays*, editadas por L. Stephan y F. Pollock, con una introducción de F. Pollock, Londres, Macmillan, 2 volúmenes.
— (1879), *Seeing and Thinking*, Londres MacMillan.
— (1882), *Mathematical Papers*, editados por Robert Tucker, con una introducción de H. J. S. Smith, Londres, Macmillan.
— (1885), *The Common Sense of the Exact Sciences*, editado por Karl Pearson, Londres. Reeditado con un prólogo de Bertrand Russell y una nueva introducción de James R. Newman, Nueva York, Alfred A. Knopf, 1946.
— (1999), *The Ethics of Belief and Other Essays*, con una introducción de Timothy J. Madigan, Amherst, Nueva York, Prometheus Books.

Monografías, libros colectivos y artículos sobre William K. Clifford

BROWN, A. W. (1973), *The Metaphysical Society: Victorian Minds in Crisis, 1869-1880*, Nueva York, Octagon Books.

FARBER, L. (1998), *The Temptations of Evolutionary Ethics*, Berkeley, University of California Press.

FULLERTON, G. S. (1914), *A System of Metaphysics*, Nueva York.

HOLLINGER, D. A. (1997), «James, Clifford and the Scientific Conscience», en Putnam, R. A. (ed.), *The Companion to William James*, Cambridge, Cambridge University Press, pp. 69-83.

MADIGAN, T. J. (1997), «Ethics and Evidentialism: W. K. Clifford and "The Ethics of Belief"», en *The Journal for the Critical Study of Religion, Ethics and Society*, pp. 9-18.

— (1998), «Verily, He Died Too Young: A Comparison of Friedrich Nietzsche and W. K. Clifford», en *The New Zeeland Rationalist and Humanist*, pp. 2-7.

QUINTON, A. (1998), «On the Ethics of Belief», en *From Wodehouse to Wittgenstein, Essays*, Manchester, Carcanet Press, pp. 78-96.

RORTY, R. (1997), «Religious Faith, Intellectual Responsibility and Romance», en Putnam, R. A. (ed.), *The Companion to William James*, Cambridge, Cambridge University Press, 84-102.

Obras de William James

JAMES, W. (1975-88) *The Works of William James*, Cambridge, MA, y Londres, Harvard University Press, 17 volúmenes.

— (1890), *The Principles of Psychology*, Nueva York, Dover, 1950, 2 volúmenes.

— (1897), *The Will to Believe and Other Essays in Popular Philosophy*, Nueva York, Dover, 1956. Traducción castellana de Santos Rubiano, Madrid, Imprenta del Instituto Nacional de Sordomudos y de Ciegos, 1922.

— (1898), «Philosophical Conceptions and Practical Results», apéndice a *Pragmatism, A New Name for some Old Ways of Thinking*, Cambridge, MA, y Londres, Harvard, University Press, 1975.

— (1902), *The Varieties of Religious Experience*, Nueva York, The Modern Library, 1936. Existe traducción castellana de José Francisco Yvars en Barcelona, Ediciones 62, 1986.

— (1907), *Pragmatism: A New Name for Some Old Ways of Thinking*, Indianapolis y Cambridge, Hackett Publishing Company. Traducción castellana de Ramón José del Castillo, Madrid, Alianza Editorial, 2000.

— (1909), *The Meaning of Truth*, Cambridge, MA, y Londres, Harvard University Press, 1975. Traducción castellana de Luis Rodríguez Aranda, Madrid, Aguilar, 1958.

— (1909), *A Pluralistic Universe: Hibbert Lectures at Manchester College on the Present Situation in Philosophy*, Nueva York, Longmans, Green and Company.
— (1912), *Essays in Radical Empiricism*, Cambridge, MA, y Londres, Harvard University Press, 1976.

Monografías, libros colectivos y artículos sobre William James

BARZUN, J. (1983), *A Stroll with William James*, Nueva York, Harper and Row.
BIRD, G. (1987), *William James*, Londres y Nueva York, Routledge.
LEVINSON, H. S. (1981), *The Religious Investigations of William James*, Chapel Hill, NC, University of North Carolina Press.
MYERS, G. E. (1986), *William James: His Life and Thought*, New Haven, CT, y Londres, Yale University Press.
PERRY, R. B. (1935), *The Thought and Character of William James*, Boston, MA, Little, Brown, 2 volúmenes.
PERRY, R. B. (1938), *In the Spirit of William James*, New Haven, CT, Yale University Press.
PUTNAM, R. A. (ed.) (1997), *The Companion to William James*, Cambridge, Cambridge University Press.
WERNHAM, J. C. S. (1987), *James' Will-to-Believe Doctrine: A Heretical Wiew*, Kingston, Ontario, University of Toronto Press.
WILSHIRE, B. (1968), *William James and Phenomenology: A Study of the Principles of Psychology*, Bloomington, IN, Indiana University Press.

Algunas obras sobre la ética de la creencia

ADLER, J. E. (2002), *Belief's Own Ethics*, Cambridge, MA, The MIT Press.
BENNETT, J. (1990), «Why is Belief Involuntary?», *Analysis*, 50, pp. 87-107.
CHAN, T.(2013), *The Aim of Belief*, Oxford, Oxford University Press.
CHISHOLM, R. (1956), «Epistemic Statements and the Ethics of Belief», *Philosophy and Phenomenological Research*, 16, pp. 447-60.
— (1957), *Perceiving. A Philosophical Study*, Ithaca, Nueva York, Cornell University Press.
— (1968), «Lewis' Ethics of Belief», en Schilpp, P. A. (comp.), *The Philosophy of C. I. Lewis*, LaSalle, Illinois, Open Court, pp. 223-42.

— (1991), «Firth and the Ethics of Belief», *Philosophy and Phenomenological Research*, 50, pp. 119-28.

CLARK, K. J. y VANARRAGON, R. J. (2011), *Evidence and Religious Belief*, Oxford, Oxford University Press.

COHEN, L. J. (1992), *An Essay on Belief and Acceptance*, Oxford, Clarendon Press.

GALE, R. M. (1980), «William James and the Ethics of Belief», *American Philosophical Quarterly*, 17, pp. 1-14.

HAACK, S. (1997), «The Ethics of Belief Reconsidered», en Hahn, L. E., *The Philosophy of Roderick M. Chisholm*, Chicago, Open Court Press, 129-44.

HELM, P. (1994), *Belief Policies*, Cambridge, Cambridge University Press.

HUME, D. (1975), *Enquiries concerning Human Understanding and Concerning the Principles of Morals*, con una introducción e índice analítico de L. A. Selby-Bigge; tercera edición con texto revisado y notas de P. H. Nidditch, Oxford, Oxford University Press.

MEILAND, J. (1980), «What Ought We To Believe? Or the Ethics of Belief Revisited», *American Philosophical Quarterly*, 17, pp. 15-24.

PASSMORE, J. (1978), «Locke's Ethics of Belief», Londres, *Proceedings of the British Academy*, 64, 187-208.

PEELS, R. (2017), *Responsible Belief. A Theory in Ethics and Epistemology*, Oxford, Oxford University Press.

PLANTINGA, A. y WOLTERSTORFF, N. (1983), *Faith and Rationality*, Notre Dame, Notre Dame University Press.

PRICE, H. H. (1954), «Belief and Will», *Proceedings of the Aristotelian Society*, 53, pp. 1-26.

RUSSELL, B. (1966), *Philosophical Essays*, edición revisada, Londres, Allen and Unwin.

SWINBURNE, R. (1981), *Faith and Reason*, Oxford, Oxford University Press.

VAN FRAASSEN, B. C. (1984), «Belief and the Will», *The Journal of Philosophy*, pp. 235-56.

WILLIAMS, B. (1973), «Deciding to Believe», en *Problems of the Self*, Cambridge, Cambridge University Press, pp. 136-51.

WOLTERSTORFF, N. (1996), *John Locke and the Ethics of Belief*, Cambridge, Cambridge University Press.

Páginas web

WILLIAM K. CLIFFORD

http://ajburger.homestead.com/files/book.htm
http://www.infidels.org/library/historical/w_k_Clifford/ethics_of_belief.html
https://www.unav.es/gep/WilliamClifford.html

WILLIAM JAMES

http://www.clas.ufl.edu/users/gthursby/fonda/jamesw.html
http://www.emory.edu/EDUCATION/mfp/james.html#essays
http://www.princeton.edu/~grosen/puc/phi203/will.html
https://www.youtube.com/watch?v=iWGAEf1kJ6M

La ética de la creencia

LA ÉTICA DE LA CREENCIA[1]

William K. Clifford

I. EL DEBER DE INVESTIGAR

Un armador estaba a punto de enviar al mar un barco lleno de emigrantes. Sabía que el barco era viejo y, ante todo, que no estaba demasiado bien construido; que había visto ya muchos mares y climatologías, y que a menudo había necesitado que se le reparara. Las dudas le hacían pensar que posiblemente no fuera adecuado para navegar. Estas dudas le consumían y le incomodaban. Pensó que quizás debía hacer que lo revisaran a fondo y lo reacondicionaran, aunque esto le supusiera un gasto importante. Sin embargo, antes de que el barco zarpara consiguió vencer esas melancólicas reflexiones. Se dijo para sí que había llevado a cabo tantos viajes y se había curtido en tantas tormentas que no tenía sentido suponer que, una vez

[1] *Contemporary Review*, enero, 1877.

más, no volvería de este viaje sano y salvo a casa. Confiaría en la Providencia, que difícilmente dejaría de proteger a todas aquellas desafortunadas familias que iban a dejar su patria en busca de tiempos mejores en otro lugar; descartaría todas las sospechas poco generosas sobre la honestidad de los constructores y contratistas. De esta forma adquirió la sincera y cómoda convicción de que su barco era completamente seguro y capaz de navegar. Presenció su partida con el corazón alegre y los mejores deseos de éxito para los emigrantes en lo que iba a ser su nuevo y desconocido hogar; recibió el dinero del seguro cuando el barco se hundió en medio del océano y no hizo comentarios de ningún género.

¿Qué diríamos de él? De seguro que era realmente culpable de la muerte de aquellas personas. Admitamos que creía sinceramente en la seguridad de su barco; sin embargo, la sinceridad de su convicción no puede de ninguna manera servirle de excusa porque *no tenía derecho a creer basándose en una evidencia tal como la que tenía ante sí.* No había adquirido esa creencia honestamente por medio de una paciente investigación, sino acallando sus dudas. Y aunque al final quizá se sentía tan convencido de la seguridad del barco que no podía pensar de otra forma, en la medida en que había pergeñado a sabiendas y de buen grado el estado mental en que se encontraba debe considerársele responsable de tenerlo.

Modifiquemos un poco el caso y supongamos que, después de todo, el barco era seguro; que concluyó el viaje en cuestión sin incidentes, y muchos otros después de este. ¿Hará esto menguar la culpa del propietario? Ni un ápice. Una vez que una acción se ha llevado a cabo, es correcta o errónea para siempre. El fracaso fortuito de sus buenos o malos frutos no puede cambiar esto en modo alguno. El hombre en cuestión no habría sido inocente; simplemente no se habría descubierto su culpabilidad. La cuestión sobre la corrección o la incorrección tiene que ver con el origen de su creencia, no con el asunto sobre el que esta versa; no de qué creencia se trataba, sino de cómo la alcanzó; no sobre si resultó ser verdadera o falsa, sino sobre si tenía derecho a creer de acuerdo con la evidencia que tenía ante sí.

Había una vez una isla en la que algunos de los habitantes profesaban una religión que no enseñaba ni la doctrina del pecado original ni la de la condenación eterna. Se extendió la sospecha de que aquellos que profesaban esta religión habían hecho uso de juego sucio para enseñar sus doctrinas a los niños. Se les acusó de violar las leyes de su país hasta tal punto que arrebataban a los niños de sus tutores naturales y legales, llevándoselos incluso a hurtadillas y manteniéndolos escondidos de su familia y sus amigos. Determinado número de personas conformaron un grupo con el propósito de agitar a la opinión pública sobre este asunto. Hicieron públicas graves acusaciones contra ciudadanos de la más alta posición y calidad moral, e hicieron todo lo que pudieron para injuriarlos en el ejercicio de su profesión. Hicieron tanto ruido que se constituyó una comisión para investigar los hechos. Sin embargo, después de que la comisión hubiera analizado cuidadosamente todas las evidencias que se pudieron reunir, los acusados resultaron ser inocentes. No solo habían sido acusados basándose en evidencias insuficientes, sino que la evidencia de su inocencia era tal que los agitadores podrían haberla obtenido con facilidad si hubieran intentado investigar de modo imparcial. Después de estas revelaciones los habitantes de aquel país consideraron al grupo de agitadores no solo como personas cuyos juicios no eran fiables, sino también como personas que nunca más serían consideradas honorables. Pues, aunque los agitadores habían creído sincera y conscientemente las acusaciones que habían hecho, *no tenían derecho alguno a creer tomando como base la evidencia que tenían delante*. Sus sinceras convicciones, en vez de haber sido alcanzadas honestamente en virtud de una paciente investigación, fueron adquiridas a hurtadillas prestando oídos a la voz de los prejuicios y la pasión.

Hagamos también una variación en este caso y supongamos que, dejando igual el resto de la historia, una investigación todavía más ajustada a los hechos demostrara que los acusados eran realmente culpables. ¿Supondría esto que existiera una diferencia en cuanto a la culpabilidad de los acusadores? Claramente no; la cuestión no es si su creencia era verdadera o falsa, sino si la abrigaban basándose en fundamentos erróneos. Los acusadores no dudarían en afirmar: «Ahora veis que, después de todo, teníamos razón; la próxima vez quizá nos creeréis». Y quizá les creyesen, pero desde luego no se convertirían por ello en personas honorables. No serían inocentes, sencillamente no se les habría descubierto. Si cada uno de ellos decidiera examinarse *in foro conscientiae*, sabría que había adquirido y alimentado una creencia cuando no tenía derecho a creer tomando como base esa evidencia que tenía ante sí; y en ese instante sabría que había hecho algo erróneo.

Podría decirse, sin embargo, que en los dos supuestos casos no es la creencia lo que se considera equivocado, sino la acción subsiguiente. El dueño del barco podría decir: «Estoy plenamente seguro de que mi barco es fiable, pero aun así tengo la sensación de que es mi obligación hacer que lo revisen antes de confiarle las vidas de tanta gente». Y podría decírsele al agitador: «Por convencido que estuvieras de lo justo de tu causa y de la verdad de tus convicciones, no deberías haber hecho un ataque público contra la reputación de alguien hasta que hubieras comprobado la evidencia de uno y otro lado con la mayor paciencia y el mayor cuidado».

En primer lugar, admitamos que esta perspectiva del asunto es, hasta aquí, correcta y necesaria; correcta porque incluso cuando la creencia de una persona está tan arraigada que no puede pensar de otra forma, todavía puede ejercitar alguna opción en lo que respecta a la acción que la creencia sugiere, y no puede, por tanto, escapar al deber de investigar las razones que dan fuerza a sus convicciones; y necesaria porque aquellos que no son capaces de controlar sus sentimientos y pensamientos deben tener una regla clara que se ocupe de las acciones públicas que llevan a cabo.

Sin embargo, aunque esta premisa se considere necesaria, queda claro que no es suficiente, y que se requiere nuestro juicio previo para complementarla. Pues no es posible ni separar la creencia de la acción que esta sugiere, ni condenar la una sin hacer lo mismo con la otra. Nadie que abrace —o que siquiera desee abrazar— una sólida creencia sobre el partido que ha de tomar en un asunto sometido a disputa puede investigar ese asunto con tal limpieza y exhaustividad como si realmente dudara y fuera imparcial. De este modo, la existencia de una creencia que no se fundamente en una investigación honrada incapacita a una persona para el cumplimiento de esta obligación necesaria.

Tampoco es verdaderamente una creencia aquella que no tiene alguna influencia en las acciones de quien la sostiene. Quien realmente cree en algo que le impulsa a realizar una determinada acción ha contemplado ya con codicia tal acción, la ha realizado ya en su corazón. Si una creencia no se materializa de forma inmediata en hechos públicos se almacena para servir de guía en el futuro. Pasa a formar parte del conjunto de creencias que es el vínculo entre sensación y acción en todo momento de nuestras vidas, que es tan compacto y organizado que ninguno de sus elementos puede ser aislado del resto, aunque cada nuevo añadido modifique la estructura del todo. Ninguna creencia real, por nimia y fragmentaria que pueda parecer, es realmente insignificante: nos prepara para recibir otras como ella, confirma aquellas previas que se le parecen y debilita otras; y además va preparando una sigilosa conexión entre nuestros más íntimos pensamientos que puede en algún momento estallar en un comportamiento público y dejar su sello en nuestro carácter para siempre.

Una creencia de una persona no es de ninguna manera un asunto privado que le concierna exclusivamente a ella. La concepción general del curso de las cosas, creada por la sociedad con propósitos sociales, guía nuestras vidas. Nuestras palabras, nuestras frases, nuestras formas, procesos y modos de pensar son propiedad común, actualizadas y perfeccionadas en cada época; son la joya de la familia que la siguiente generación hereda como un precioso depósito y un fideicomiso sagrado que será entregado a la siguiente, no intacto, sino ampliado y purificado, con indicios evidentes de su apropiada utilización. En ella se entremezclan, para bien o para mal, todas las creencias de cada una de las personas que hayan hablado a sus semejantes. Es un terrible privilegio, y una terrible responsabilidad, el que nosotros tengamos que ayudar a crear el mundo en el que vivirá la posteridad.

En los dos casos hipotéticos que hemos estado analizando se ha juzgado como erróneo el creer basándose en una evidencia insuficiente, o alimentar una creencia borrando las dudas y evitando la investigación. La razón de este juicio no es difícil de encontrar: se trata de que en ambos casos la creencia sostenida por una persona fue de gran importancia para otras. Pues en la medida en que ninguna creencia que alguien mantenga —por aparentemente trivial que sea, y por desconocido que sea quien la cree— jamás es realmente insignificante o carente de importancia para el destino de la humanidad, no tenemos otra elección que extender nuestro juicio a todos los casos de creencia, sean estas las que sean. La capacidad de creer, esa facultad sagrada que impulsa las decisiones de nuestra voluntad y entreteje en una labor armoniosa todas las energías condensadas de nuestro ser, es nuestra, pero no para nosotros mismos, sino para la humanidad. Se usa correctamente con verdades que han sido establecidas a través de una larga experiencia y fatigosos esfuerzos, y que han sobrevivido una vez expuestas a la refulgente luz del cuestionamiento libre y sin prejuicios. De esta forma, ayuda a mantener cohesionados a los hombres, a la vez que refuerza y dirige su actividad común. Se la profana cuando se entrega a afirmaciones nunca demostradas ni sometidas a prueba para el disfrute y placer privado del que cree; para añadir un esplendor falso al recto y diáfano camino de la vida y extender un deslumbrante espejismo ante él; o incluso para ahogar los habituales pesares de nuestra especie a través de un autoengaño que los reduzca al mismo tiempo que nos degrada. El que quiera merecer lo mejor de sus semejantes en este asunto protegerá la pureza de sus creencias con un cuidado celoso y fanático, de manera que nunca estas recalen en un objeto que no las merezca y que provoque una mancha que ya nunca pueda ser eliminada.

No solo el que ejerce el liderazgo, el estadista, el filósofo o el poeta contraen esta obligación ineludible con la humanidad. Cualquier campesino que pronuncia en la taberna del pueblo sus torpes y escasas frases puede ayudar a matar o mantener vivas las supersticiones fatales que perjudican a su estirpe. Cualquier esforzada esposa de un artesano puede transmitir a sus hijos creencias que refuercen el tejido social o lo hagan saltar en pedazos. Ni la simplicidad mental, ni la baja escala social pueden sustraerse a la obligación universal de cuestionarnos todo lo que creemos.

Es verdad que esto es un duro deber, y que la duda que resulta de ello es a menudo muy amarga: nos deja desnudos e indefensos allí donde pensábamos que estábamos seguros y éramos fuertes. Saberlo todo sobre algo es saber cómo habérnoslas con ello en cualquier circunstancia. Nos sentimos mucho más felices y seguros cuando consideramos que sabemos exactamente qué hacer, pase lo que pase, que cuando nos perdemos en nuestro camino y no sabemos hacia dónde dirigirnos. Y si hemos considerado que lo sabemos todo acerca de algo y que somos capaces de hacer con ello lo que conviene, no nos gusta encontrarnos, es natural, con que somos realmente ignorantes y estamos indefensos, que tenemos que volver a empezar desde el principio e intentar aprender de qué se trata el asunto en cuestión y cómo debemos habérnoslas con él (desde luego, si es posible aprender algo sobre tal asunto). Es la sensación de poder unida a la sensación de conocimiento lo que hace a los hombres estar deseosos de creer y temerosos de la duda.

Esa sensación de poder es el mayor y mejor de los placeres cuando la creencia en la que se basa es una creencia verdadera y ha sido alcanzada limpiamente, a través de la investigación. Pues solo entonces podemos sentir que la creencia es propiedad de todos, que vale tan bien para los demás como para nosotros mismos. En ese momento podemos estar contentos, pero no porque *yo* haya aprendido ciertos secretos gracias a los cuales estoy más seguro y soy más fuerte, sino porque *nosotros, los seres humanos*, conseguimos el control sobre una parcela mayor del mundo. Esto quiere decir que seremos fuertes, no para nosotros mismos, sino en el nombre de la especie humana y de su fuerza. Pero si se ha aceptado la creencia basándose en una evidencia insuficiente, el placer es un placer robado. No solo nos engaña dándonos una sensación de poder que realmente no tenemos, sino que es un placer pecaminoso, porque se consigue burlando nuestro deber para con la humanidad. Este deber es el de guardarnos de tales creencias como de la peste, que puede en poco tiempo adueñarse de nuestro propio cuerpo y después extenderse al resto de la ciudad. ¿Qué pensaríamos de alguien que, por culpa de una fruta dulce, corriera el riesgo de contagiar a su familia y sus vecinos?

Además, como en otros casos semejantes, no solo debemos considerar el riesgo, pues una mala acción es siempre mala cuando se comete, sin importar lo que ocurra después. Siempre que nos permitimos creer basándonos en razones sin valor, debilitamos nuestra capacidad de autocontrol, de duda, de valoración justa y equitativa de la evidencia. Todos sufrimos muy severamente el mantener y apoyar falsas creencias y las acciones fatalmente equivocadas a las que nos conducen, y es amplio e importante el mal que se origina cuando una de estas creencias se acepta. Sin embargo, es más amplio e importante el mal que se produce cuando el carácter crédulo se mantiene y alienta, cuando la costumbre de creer basándose en razones sin valor se fomenta y se hace permanente. Si robo dinero a alguien, puede que no produzca daño alguno el mero cambio de propiedad; esa persona puede no dolerse de la pérdida, o incluso quizá el robo le impida usar el dinero incorrectamente. Sin embargo, no puedo evitar el convertirme en una persona deshonesta al cometer esta grave falta contra la humanidad. Lo que daña a la sociedad no es que la persona de marras pierda su propiedad, sino el que la sociedad se convierta en una cueva de ladrones, pues en ese instante deja de ser sociedad. Por eso no deberíamos hacer mal para que pueda producir bien; pues, en cualquier caso, se ha producido ya este gran mal: que hemos obrado mal y por ello nos hemos convertido en malvados. Del mismo modo, si consiento en creer algo basándome en evidencia insuficiente, quizá no se ocasione un daño importante por mi mera creencia; mi creencia podría ser verdadera después de todo, o puede que nunca tenga yo ocasión de manifestarla en actos externos. Pero no puedo evitar el cometer esta gran maldad contra el ser humano: convertirme en una persona crédula. El peligro para la sociedad no es el puro hecho de que se vayan a creer cosas equivocadas, aunque ya eso es bastante grave, sino el de que la sociedad llegue a convertirse en crédula y pierda el hábito de comprobar y de investigar; pues entonces la consecuencia es retroceder hasta sumergirse de nuevo en la selva.

El daño hecho por la credulidad a una persona no se limita a alentar el carácter crédulo en los demás y el apoyo consiguiente a las creencias falsas. La habitual falta de cuidado acerca de lo que creo lleva a la habitual falta de cuidado de los demás acerca de la verdad de lo que me dicen. Las personas se dicen la verdad unas a otras cuando veneran la verdad tanto en su propia mente como en la mente de los demás; pero ¿cómo va a mostrar un amigo veneración por la verdad en mi propia mente cuando yo mismo no me preocupo por ella, creo cosas porque quiero creerlas, porque son reconfortantes y agradables? ¿No aprenderá este amigo a gritarme que hay «paz» cuando no la hay? Si sigo por ese camino me rodearé de una gruesa atmósfera de falsedad y estafa en la que tendré que vivir. Puede ser que me importe poco, en mi castillo en el aire de dulces ilusiones y mentiras adorables; pero le importa mucho al ser humano el que yo haya hecho que mis vecinos estén dispuestos a engañarme. El hombre crédulo es padre del mentiroso y del estafador; vive en el seno de esta familia y no es extraño que llegue a ser como ellos son. Nuestras obligaciones están tan entrelazadas que aquel que observe la totalidad de la ley, con solo violarla en un punto, es culpable de todo.

En resumen: creer algo basándose en una evidencia insuficiente es malo siempre, en cualquier lugar y para todo el mundo.

Si un hombre, que abriga una creencia que se le enseñó en la infancia o de la que se ha convencido más tarde, restringe y aleja cualquier duda que surja sobre ella en su mente, evita a propósito la lectura de libros y la compañía de personas que la pongan en cuestión o la discutan, y tacha de impías aquellas preguntas que no pueden hacerse fácilmente sin tumbarle, su vida es un grave pecado contra la humanidad.

Si este juicio parece un tanto cruel cuando se aplica a aquellas almas simplonas que nunca han conocido algo mejor, que fueron criadas desde la cuna con horror a la duda y a las que se les enseñó que su bienestar eterno depende de *lo que* crean, entonces esto nos lleva a una muy importante pregunta: *¿Quién hizo pecar a Israel?*

Permítaseme reforzar este juicio con el siguiente texto de Milton[2]:

> Un hombre puede ser un hereje estando en la verdad; y si cree cosas solo porque su pastor lo dice, o la asamblea así lo decide, sin conocer otras razones, entonces, aunque su creencia sea verdadera, la misma verdad que sostiene se convierte, con todo, en su herejía[3].

Y con este famoso aforismo de Coleridge[4]:

> El que empieza por amar al cristianismo antes que a la Verdad, continuará amando a su secta o a la Iglesia más que al cristianismo, y terminará por amarse a sí mismo más que a todo lo demás[5].

La investigación sobre la evidencia a favor de una doctrina no debe llevarse a cabo de una vez por todas y considerarla a continuación como algo definitivamente resuelto. Jamás es legítimo sofocar una duda, pues o bien se la puede solventar honestamente por medio de la investigación que ya se ha llevado a cabo, o bien tal duda demuestra que la investigación no estaba completa.

[2] John Milton (1608-1674), uno de los poetas más importantes en lengua inglesa, es conocido sobre todo por su obra *Paraíso perdido* (1667). Defensor de las libertades civiles y religiosas, participó en el gobierno de Cornwell —a esa época (1644) pertenece *Aeropagitica*, la obra citada por Clifford—. Su apoyo a la *Commonwealth* le causó problemas durante la restauración de Carlos II, llegando incluso a ser arrestado en 1660 [nota del editor (NE)].

[3] *Aeropagitica.*

[4] Samuel Taylor Coleridge (1772-1834), poeta y crítico literario, es también uno de los mayores exponentes del pensamiento político y social conservador inglés. Aunque originalmente fue un liberal utópico que apoyaba sin reservas la Revolución Francesa, pronto la desilusión por los acontecimientos que ocurrían en Francia le impulsaron a convertirse en un ferviente defensor de la monarquía y de la iglesia de Inglaterra. Junto con Wordsworth publicó en 1798 las *Baladas Líricas*, la obra que se considera como precursora del romanticismo inglés. La obra que cita Clifford se titula originalmente *Aids to Reflection in the Formation of a Manly Character, on the Several Grounds of Prudence, Morality, and Religion* y fue publicada en 1825 (NE).

[5] *Aids to Reflection.*

«Pero —dice alguien— soy un hombre muy ocupado; no tengo tiempo para el largo proceso de estudio que me haría falta para ser en cierto grado un juez competente en determinadas cuestiones, o incluso para poder entender la naturaleza de los argumentos». Una persona así tampoco debería tener tiempo para creer.

II. EL PESO DE LA AUTORIDAD

¿Hemos de convertirnos entonces en escépticos universales que dudan de todo, temiendo dar un paso antes de que hayamos comprobado personalmente la firmeza del camino? ¿Vamos a privarnos de la ayuda y orientación del gran cuerpo de conocimiento que crece diariamente en el mundo simplemente porque ni nosotros ni ninguna otra persona pueda comprobar ni siquiera una centésima parte del mismo a través de la experimentación o la observación inmediatas, y porque, aun si lo hiciéramos, no estaría completamente demostrado? ¿Robaremos y diremos mentiras porque no tenemos una experiencia personal lo suficientemente amplia para justificar la creencia de que es incorrecto hacer eso?

No hay peligro real de que tales consecuencias deriven jamás del cuidado escrupuloso y del autocontrol en el caso de la creencia. A este respecto, las personas que más cerca han estado de cumplir con su deber han encontrado ciertos importantes principios y, entre ellos, los más adecuados para la orientación de la vida son los que han destacado más y más claramente en proporción al cuidado y la honestidad con la que fueron comprobados, adquiriendo de esta forma una certeza práctica. Las creencias sobre lo correcto y lo equivocado, que guían nuestras acciones en el trato con el resto de las personas con las que vivimos en sociedad, y las creencias sobre el mundo físico, que guían nuestro comportamiento con los seres animados e inanimados, esas nunca son investigadas; se cuidan de sí mismas, sin necesidad de que las apuntalen «actos de fe», el clamor de defensores a sueldo o la eliminación de la evidencia contraria. Además, hay muchos casos en los que es nuestro deber actuar en función de las probabilidades, aunque la evidencia no es tal que justifique la creencia presente; pues es precisamente a través de esa misma acción, y por la observación de sus frutos, como se obtiene la evidencia que puede justificar la futura creencia. Así que no hay razón para temer que la costumbre de investigar concienzudamente paralice las acciones de la vida cotidiana.

Sin embargo, como no es suficiente decir «Es erróneo creer basándose en evidencia carente de valor» sin decir también qué evidencia es valiosa, continuaremos ahora averiguando en qué circunstancias es lícito creer basándonos en el testimonio de los demás; y después, más adelante, investigaremos, de manera más general, cuándo y por qué podemos creer algo que está más allá de nuestra propia experiencia, o incluso más allá de la experiencia de la humanidad.

Preguntémonos entonces en primer lugar: ¿en qué casos no merece servir como base de una creencia el testimonio de una persona? Una persona puede afirmar algo que es falso a sabiendas de que lo es o sin saberlo. En el primer caso está mintiendo, y su carácter moral es digno de reproche; en el segundo caso es ignorante o está equivocado respecto de lo que afirma, y es solo su saber o su capacidad de juicio la que está en falta. Para que podamos admitir su testimonio como fundamento para creer lo que dice debemos tener fundamentos razonables para confiar en su *veracidad*, en que realmente intenta decir la verdad hasta donde la conoce; en su *conocimiento*, en que ha tenido oportunidades de conocer la verdad sobre ese asunto; y en su *juicio*, en que ha hecho un uso adecuado de esas oportunidades para llegar a la conclusión que está afirmando.

Por claras y obvias que estas razones puedan ser, tanto que cualquier persona con una inteligencia normal que reflexionase acerca del asunto no podría por menos que llegar a ellas, es, sin embargo, verdad que mucha gente las ignora de manera habitual al valorar un testimonio. Ante estos dos interrogantes de igual importancia para decidir si un testigo es fiable, a saber: «¿Es deshonesto?» y «¿Puede estar equivocado?», la mayoría de la humanidad está plenamente satisfecha con que *uno* de ellos pueda tener, con algún grado de probabilidad, respuesta negativa. Se alega la excelencia moral de una persona como fundamento para aceptar sus aseveraciones sobre cosas que es imposible que haya conocido. Un mahometano, por ejemplo, nos dirá que el carácter de su Profeta era tan noble y majestuoso que impone la reverencia incluso de aquellos que no creen en su misión. Tan admirable era su enseñanza moral, tan sabiamente estructurada la maquinaria social que creó, que no solo una gran parte de la humanidad ha aceptado sus preceptos, sino que realmente han sido obedecidos. Por un lado, las instituciones que diseñó han rescatado al negro del salvajismo y, por otro, han enseñado civilización al avanzado Occidente; y aunque los pueblos que sostuvieron las más altas formas de la fe y encarnaron de modo más completo la mente y pensamiento del Profeta han sido todos ellos conquistados y aniquilados por tribus bárbaras, la historia de sus maravillosos logros permanece como gloria imperecedera del islam. ¿Vamos a dudar de la palabra de un hombre tan grande y bueno? ¿Podemos pensar que este magnífico genio, este espléndido héroe moral, nos ha mentido sobre los asuntos más solemnes y sagrados? El testimonio de Mahoma es claro: no hay sino un solo Dios, y él, Mahoma, es su Profeta; si creemos en él disfrutaremos la felicidad eterna, pero en caso contrario nos condenaremos. Este testimonio descansa en el más impresionante de los fundamentos, la revelación del mismo cielo[6]; ¿no le visitó el ángel Gabriel, cuando ayunaba y rezaba en una cueva del desierto, y se le permitió entrar en los benditos campos del Paraíso? Es seguro que Dios es Dios y Mahoma es el Profeta de Dios.

¿Qué deberíamos responder a este musulmán? Primero, sin duda, nos tentará oponernos a su opinión sobre el carácter del Profeta y la influencia uniformemente beneficiosa del islam:

[6] De acuerdo con las enseñanzas del islam, el Profeta sintió la llamada de Dios cuando estaba a punto de cumplir los cuarenta años y se retiró a orar a unos parajes desérticos donde tuvo una serie de revelaciones en la mayor parte de las cuales el arcángel Gabriel aparecía leyendo un libro. El *Corán* registra esas verdades reveladas que son copia literal del libro celestial que el arcángel le leía a Mahoma en sus visiones místicas y que, según la fe islámica, no pueden por ello ponerse en cuestión (NE).

antes de que pudiéramos ponernos completamente de acuerdo con él en estas cuestiones parece que tendríamos que olvidar muchas cosas terribles que hemos oído o leído. Sin embargo, si elegimos concederle todos estos supuestos por mor del argumento, y porque es difícil tanto para el creyente como para los infieles discutirlas con imparcialidad y sin pasión, aun así, todavía tendremos algo que decir que suprima la base de su creencia, y que muestre, por tanto, que es equivocado sostenerla. A saber, diríamos esto: el carácter de Mahoma es una prueba excelente de que era honesto y decía la verdad hasta donde la conocía; pero no es en absoluto prueba de que supiera cuál era la verdad. ¿Cómo podía saber que la forma que a él le parecía que era el ángel Gabriel no era una alucinación, y que su aparente visita al Paraíso no era un sueño? Admitiendo que estaba completamente convencido y creía honestamente que contaba con la guía de los cielos, que era el vehículo de una revelación sobrenatural, ¿cómo podía saber que esta firme convicción no era un error? Pongámonos en su lugar: encontraremos que cuanto más enteramente nos esforzamos en advertir qué pasaba por la mente del Profeta más claramente percibimos que podría no haber tenido base suficiente alguna para la creencia en su propia inspiración. Lo más probable es que nunca dudara del asunto, ni se planteara cuestionarlo; sin embargo, nosotros estamos en la posición de aquellos a quienes se les ha planteado la cuestión y que están obligados a responder. Los observadores médicos saben que la soledad y la falta de alimentación son medios potentes para producir espejismos y que favorecen la tendencia a padecer trastornos mentales. Supongamos entonces que yo, como Mahoma, voy a lugares desérticos a ayunar y rezar; ¿qué cosas pueden ocurrirme que me den derecho a creer que estoy inspirado por la divinidad? Supongamos que obtengo información, aparentemente de un visitante celestial, y que al comprobarla resulta ser correcta. En primer lugar, no puedo estar seguro de que mi visitante celestial no sea una invención de mi propia mente, y de que, de ese modo, la información no haya llegado entonces hasta mí de manera inconsciente a través de algún sutil canal sensorial. Sin embargo, si mi visitante fuera real, y durante bastante tiempo me hubiera dado información que resultó ser digna de confianza, esto supondría, desde luego, una buena razón para confiar en él en el futuro en la medida en que versen sobre asuntos que caigan dentro de las capacidades humanas de verificación. Con todo, esto no sería razón para confiar en su testimonio sobre cualquier otra materia. Aunque su comprobada reputación justificaría que yo creyera que dijo la verdad hasta donde él sabía, cabría de nuevo plantear la misma pregunta: ¿qué razón hay para suponer que lo sabe?

Incluso si mi supuesto visitante me hubiera dado una información tal que, después de que yo la verificase, demostrara que tiene medios para alcanzar conocimiento sobre materias comprobables que son, con mucho, superiores a los míos, tal cosa no justificaría que yo creyese lo que dice sobre asuntos que en la actualidad no pueden ser comprobados por los seres humanos. Sería la base para una interesante conjetura, y para la esperanza de que, como fruto de nuestra paciente investigación, pudiésemos alcanzar más tarde medios de verificación tales que hagan posible que la conjetura se transforme correctamente en creencia. Pues las creencias pertenecen a los hombres y a la dirección de los asuntos humanos: ninguna creencia es real si no dirige nuestras acciones, y esas mismas acciones proporcionan un criterio de su verdad.

Sin embargo, podría replicarse, la aceptación del islam como sistema es exactamente la acción que promueve la creencia en la misión del Profeta y la que servirá como prueba de su verdad. ¿Se puede creer que un sistema que ha tenido tanto éxito se fundamenta realmente en una ilusión? No solo las personas santas han encontrado alegría y paz al creer en ella y han verificado esas experiencias espirituales que se prometen a los creyentes, sino que las naciones han evolucionado desde el salvajismo o el barbarismo hacia una posición social más elevada. Seguramente podemos tomarnos la libertad de decir que la creencia se ha puesto en práctica, y que se ha verificado.

Requiere, sin embargo, pocas cavilaciones el mostrar que lo que se ha verificado realmente no es en absoluto el carácter supernatural de la misión del Profeta, o la fiabilidad de su autoridad en asuntos que por nosotros mismos no podemos comprobar, sino solo su sabiduría práctica en ciertas materias muy mundanas. El hecho de que los creyentes hayan encontrado alegría y paz al creer nos autoriza a decir que la doctrina es confortadora, agradable para el espíritu; pero no nos autoriza a decir que es verdadera. Además, la pregunta que nuestra conciencia siempre se hace acerca de aquello que estamos tentados a creer no es «¿Es confortador y agradable?», sino «¿Es verdadero?». Que el Profeta predicara ciertas doctrinas y pronosticara que en ellas se encontraría consuelo espiritual solo demuestra su empatía con la naturaleza humana y su conocimiento de la misma, pero no demuestra su conocimiento sobrehumano de la teología.

Y si admitimos por mor del argumento (parece que no podemos hacer otra cosa) que el progreso llevado a cabo por las naciones musulmanas se debió realmente en muchos casos al sistema diseñado y puesto en marcha en el mundo por Mahoma, no podemos por ello tomarnos la libertad de concluir que estaba siendo inspirado por la divinidad cuando decía la verdad sobre cosas que no podemos verificar. Solo podemos tomarnos la libertad de inferir la excelencia de sus preceptos morales, de los medios que diseñó para influir en las personas para lograr que le obedecieran, o de la maquinaria política y social que puso en marcha. Y requeriría una gran cantidad de investigación minuciosa en la historia de esas naciones determinar cuáles de esas cosas tuvieron una participación más importante en el resultado. Así que aquí de nuevo es el conocimiento del Profeta sobre la naturaleza humana y su sintonía empática con ella lo que se verifica, no su inspiración divina o su conocimiento de teología.

Desde luego, si hubiera solo un Profeta podría muy bien parecer una tarea difícil e incluso con ribetes de descortesía el decidir en qué puntos confiaríamos en él, y en qué puntos dudaríamos de su autoridad, teniendo en cuenta cuánto beneficio y desarrollo han recibido las personas de todas las épocas de aquellos que gozaban de clarividencia, sentían más intensamente, o buscaban la verdad con un corazón más singular que el de sus hermanos más débiles. Pero no hay solo un Profeta; y mientras que el consenso de la mayoría acerca de aquello que, como seres humanos, tenían medios reales de conocer, y de hecho conocieron, ha durado hasta el final y ha sido honorablemente incluido en la grandiosa fábrica del conocimiento humano, los diversos testimonios de algunos sobre lo que ellos no sabían y no podían saber permanecen como una advertencia que se nos hace de que exagerar la autoridad profética es usarla incorrectamente, y deshonrar a los que solo han pretendido ayudarnos y hacernos avanzar con ayuda de su fuerza. Difícilmente pertenece a la naturaleza humana el que una persona haya de calibrar de manera completamente exacta los límites de su propia inspiración, pero es una obligación de los que se benefician de su trabajo considerar cuidadosamente dónde puede haberse sobrepasado. Si tuviéramos que guardar juntos sus posibles errores con sus sólidos logros y usar su autoridad como excusa para creer lo que no podía saber, hacemos de su virtud una ocasión para pecar.

Consideremos solo uno más entre otros testimonios semejantes: los seguidores de Buda tienen como mínimo el mismo derecho a apelar a la experiencia individual y social para apoyar la autoridad del salvador oriental. Se dice que es una característica especial de su religión, aquello en lo que nunca ha sido superada, el ánimo y el consuelo que ofrece a los enfermos y desamparados, la tierna simpatía con la que tranquiliza y alivia los pesares naturales de los seres humanos. Y, seguramente, ningún triunfo de la moralidad social puede ser más importante o más noble que aquel que ha evitado que casi la mitad de la raza humana haya emprendido persecución alguna en nombre de la religión. Si damos crédito a los testimonios de sus más tempranos seguidores, el propio Buda creía haber venido a la tierra con la misión divina y cósmica de poner en marcha la rueda de la ley. Siendo un rey, se despojó de su reino y por su propia y libre voluntad llegó a familiarizarse con la miseria, de modo que pudiese aprender a manejarla y dominarla. ¿Podía un hombre semejante mentir acerca de asuntos solemnes? Y en cuanto a su sabiduría, ¿no era un hombre milagroso con poderes superiores a los del resto de seres humanos? Nació de una mujer, sin la intervención de varón; se elevó en el aire y se transfiguró ante sus familiares; al final subió físicamente al cielo desde lo alto del Pico de Adán[7]. ¿No vamos a creer su palabra cuando da testimonio sobre los asuntos celestiales?

¡Ojalá únicamente solo él y ningún otro hiciera afirmaciones semejantes! Pero ahí está Mahoma con su testimonio; no podemos hacer otra cosa que escucharlos a los dos. El Profeta nos dice que hay un solo Dios, y que viviremos para siempre en la alegría o en la tristeza, dependiendo de si hemos creído o no en el Profeta. Buda dice que no hay Dios, y que seremos reducidos a la nada si somos lo suficientemente buenos. Ambos no pueden estar infaliblemente inspirados a la vez; uno u otro debe haber sido víctima de una ilusión y de haber creído que sabía lo que realmente no sabía. ¿Quién se atreverá a decir cuál de ellos? Y, en el caso de que nos atreviéramos, ¿cómo podemos encontrar justificación para creer que el otro no es también víctima de una ilusión?

De este modo, nos vemos abocados a hacer los juicios siguientes: la bondad y grandeza de una persona no justifican que aceptemos una creencia basándonos en la garantía de su autoridad, a menos que haya base razonable para suponer que conocía la verdad de lo que estaba diciendo; no puede haber razones para aceptar que una persona sabe eso que nosotros, sin perder la condición humana, no podríamos suponer que verificamos.

Si un químico me dice a mí, que no soy químico, que una determinada sustancia podría obtenerse mezclando otras sustancias en ciertas proporciones y sometiéndolas a un proceso

[7] El Pico de Adán es una montaña situada en el sudoeste de Sri Lanka (antigua isla de Ceilán) que es venerada tanto por los musulmanes, como por los hindúes, los budistas, los mahometanos y los cristianos. Esta montaña tiene en su cumbre una cavidad que para los hindúes es la huella dejada por el dios Shiva en su danza creadora del mundo. Los budistas mantienen que se trata de la huella dejada por Buda durante la tercera de sus legendarias visitas a Sri Lanka. Una tradición árabe defiende que la huella en cuestión fue dejada por Adán a quien Dios confinó durante mil años en la montaña después de la expulsión del paraíso, obligándole a estar apoyado todo este tiempo sobre un solo pie. Finalmente, cuando los portugueses llegaron a la isla en el siglo XVI crearon la leyenda de que la huella pertenecía realmente al apóstol Santo Tomás, que una antigua tradición identifica como el primer predicador del cristianismo en el país (NE).

conocido, tengo justificación suficiente para creerle basándome en su autoridad, a menos que sepa algo en contra de su carácter o de su capacidad de juicio. Su formación profesional tiende a incentivar la veracidad y la búsqueda honesta de la verdad, genera animadversión hacia las conclusiones precipitadas y hacia la investigación descuidada. Tengo una base razonable para suponer que el químico sabe la verdad de lo que está diciendo, pues aunque no soy químico, se me puede hacer que entienda tantas cosas sobre los métodos y procedimientos de la ciencia como para que me resulte concebible que, sin dejar de ser un ser humano, pueda verificar la afirmación. Quizá nunca pueda realmente verificarla, o no pueda ni siquiera observar ningún experimento que lleve a verificarla; pero aún tengo bastante razón para justificar mi creencia de que la verificación está dentro del alcance de las capacidades y poderes humanos y, en particular, que esa verificación ha sido realmente llevada a cabo por mi informante. Su resultado, la creencia a la que le han llevado sus pesquisas, es válido no solo para sí mismo, sino para todos los demás; lo observan y comprueban todos los que trabajan en el mismo campo y que saben que no puede prestarse mayor servicio a la ciencia que la purificación de los errores que pueden haberse deslizado en los resultados aceptados. De esta forma, el resultado se convierte en propiedad común, en objeto correcto de creencia, que es un asunto social y un problema de interés público. De este modo ha de observarse que su autoridad es válida porque hay personas que se la cuestionan y la verifican; y es precisamente ese proceso de examen y purificación lo que mantiene vivo entre los investigadores el amor a lo que superará todas las posibles pruebas, el sentido de responsabilidad pública propio de aquellos cuyo trabajo, si está bien hecho, se conservará como perdurable herencia de la humanidad.

Sin embargo, si mi químico me dice que un átomo de oxígeno ha existido durante todas las épocas sin variar ni de peso ni de grado de vibración, no tengo derecho a creerlo basándome en su autoridad, porque se trata de una cosa que él no puede saber sin dejar de ser humano. Quizá crea honestamente que su juicio es una justa inferencia de sus experimentos, pero en ese caso su afirmación es defectuosa. Una consideración muy simple del carácter de los experimentos le demostraría que estos nunca podrían llevarle a resultados de tal género, pues, siendo los experimentos solo aproximados y limitados, no pueden ofrecernos un conocimiento exacto y universal. No hay eminencia alguna de carácter ni de genio que pueda conferir a una persona autoridad suficiente para justificar que le creamos cuando hace aseveraciones que implican conocimiento exacto o universal.

Por otra parte, un explorador del Ártico puede decirnos que en determinada latitud y longitud ha experimentado tal y cual grado de frío, que el mar tenía tal profundidad, y el hielo era de tales y cuales características. Tenemos todo el derecho a creerle, si no hay ninguna mancha en su veracidad. Es concebible que, sin dejar de ser humanos, pudiésemos ir allí y verificar su afirmación; puede comprobarse a través de los testimonios de sus compañeros, y hay base adecuada para suponer que ese explorador conoce la verdad de lo que está diciendo. Sin embargo, si un viejo ballenero nos dice que el hielo tiene unos 100 metros de grosor a lo largo de todo el camino hasta el Polo, no tenemos justificación para creerle, pues aunque esa afirmación puede ser comprobada por una persona, es obvio que no podía ser comprobada por *él*, con los medios y aparatos que tenía. Tal persona tiene que haberse convencido de la verdad de su afirmación por medios que no añaden ningún crédito a su testimonio. Por tanto, incluso si la cuestión que se afirma está dentro del alcance del conocimiento humano, no tenemos derecho a aceptarla tomándola como algo que posee autoridad a menos que esté dentro del alcance del conocimiento de nuestro informante.

¿Y qué decir de la tradición, consagrada por los siglos, de la raza humana, esa autoridad más venerable y respetable que la de cualquier testimonio individual? Los esfuerzos y luchas de nuestros antepasados han creado una atmósfera de creencias y conceptos que nos capacita para respirar en medio de las variadas y complejas circunstancias de nuestra vida. Está a nuestro alrededor, nos impregna a todos: no podemos pensar sino en la forma y con los métodos que nos proporciona. ¿Es posible dudar y comprobarla?; y si es posible, ¿es legítimo?

Encontraremos razones para responder que no solo es posible y legítimo, sino que es nuestra obligación ineludible hacerlo; que el principal propósito de la tradición misma es proporcionarnos los medios para preguntar, someter a prueba e investigar las cosas. De este modo, si hacemos un mal uso de la tradición y la consideramos como una colección de afirmaciones listas para ser aceptadas sin más, no solo estamos perjudicándonos a nosotros mismos, sino que estamos rehusando también el participar en la medida de nuestras fuerzas en la construcción de la fábrica que heredarán nuestros hijos; estamos haciendo todo lo posible para desconectarnos nosotros y nuestra raza del linaje humano.

Vamos a ocuparnos primero de distinguir un tipo de tradición que requiere especialmente ser examinada y puesta en tela de juicio, porque rehúye de manera especial la investigación. Supongamos que un hechicero del África central le dice a su tribu que cierta poderosa medicina que hay en su tienda aumentará aún más su poder si matan el ganado, y que la tribu le cree. No hay forma de comprobar si la medicina ha aumentado o no su poder, pero lo que sí es cierto es que el ganado se ha esfumado. Incluso puede conservarse en la tribu la creencia de que el incremento de poder de tal y cual medicina se ha realizado de esa forma; y en una generación posterior será más fácil para otro hechicero convencerlos para que hagan lo mismo. Aquí la única razón para la creencia es que todo el mundo ha creído esto durante tanto tiempo que tiene que ser verdad. Y, sin embargo, la creencia se fundamentaba en un fraude y se ha propagado gracias a la credulidad. Hará bien sin ninguna duda, y será amigo de los demás, la persona que cuestione tal creencia y advierta que no hay evidencia para ella, ayude a sus vecinos a ver el asunto tal como él lo ve, e incluso, si es necesario, entre en la sagrada tienda y destruya la medicina.

La regla que debe guiarnos en tales casos es bastante simple y obvia: el testimonio conjunto de nuestros prójimos está sujeto a las mismas condiciones que el testimonio de cualquiera de ellos tomado individualmente. A saber, no tenemos derecho a considerar algo verdadero solo porque todo el mundo lo diga, a menos que haya buenas razones para creer que por lo menos una persona tiene los medios para saber que es verdad, y que está diciendo la verdad, hasta donde la conoce. Por muchas naciones y generaciones de personas que hayan sido llevadas a la tribuna de testigos, no pueden testificar sobre algo que no conocen. Todo el que ha aceptado una afirmación de alguien, sin comprobarla y verificarla por sí mismo, está fuera de bolos: su palabra no vale nada. Cuando, por último, regresamos al verdadero nacimiento e inicio de la afirmación, han de resolverse dos serias preguntas respecto del que la hizo inicialmente: ¿se equivocaba al pensar que sabía acerca de esa cuestión? ¿o estaba mintiendo?

Por desgracia, esta última pregunta es muy actual y práctica, incluso para nosotros en este momento y en este país. No necesitamos ir a buscar a La Salette[8], a África central o a Lourdes ejemplos de superstición inmoral y envilecedora. Es muy posible que un niño crezca en Londres rodeado de una atmósfera de creencias que son válidas solo para los salvajes y que, en nuestro propio tiempo, se fundamentan en el fraude y son propagadas por la credulidad.

Dejando a un lado tal tradición, que ha sido transmitida sin comprobarla durante sucesivas generaciones, consideremos aquella que ha sido construida verdaderamente a partir de la experiencia común de la humanidad. Esta gran fábrica está diseñada como guía de nuestros pensamientos y, a través de ellos, de nuestras acciones, tanto en el mundo moral como en el material. En el mundo moral, por ejemplo, nos proporciona las concepciones de lo correcto en general, de justicia, de verdad, de beneficencia y cosas parecidas. Se nos dan como conceptos, no como afirmaciones o proposiciones; responden a ciertos instintos determinados que están ciertamente dentro de nosotros, vengan de donde vengan. Que está bien practicar la beneficencia es un asunto de experiencia personal inmediata. Cuando una persona se encierra en sus pensamientos y encuentra ahí algo, más grande y más duradero que su

[8] La Salette fue, junto con Lourdes, uno de los santuarios marianos franceses que alcanzaron gran renombre durante el siglo XIX para escándalo de muchos anglicanos (NE).

solitaria individualidad, y que le dice: «Quiero obrar bien», al mismo tiempo que: «Quiero hacer el bien a los hombres», puede comprobar a través de la observación directa que uno de los instintos se fundamenta y está de acuerdo completamente con el otro. Y es su obligación comprobar esta y afirmaciones semejantes.

La tradición dice también, en un momento y lugar determinados, que tales acciones son justas, verdaderas o benéficas. Para todas esas reglas se necesita una búsqueda más larga, puesto que algunas veces están establecidas por una autoridad distinta de la del sentido moral basado en la experiencia. Hasta hace poco, la tradición moral de nuestro propio país —e incluso la de toda Europa— pensaba que era bueno dar dinero indiscriminadamente a los mendigos. Pero la puesta en cuestión de esta regla y la investigación sobre ella llevó a la gente a darse cuenta de que la verdadera beneficencia es aquella que ayuda a la persona a realizar la labor para la que es más adecuada, no aquella que la mantiene y alienta a permanecer en la ociosidad; y que pasar por alto esta distinción en nuestros días significa pobreza y sufrimiento para el futuro. A través de esta evaluación y discusión no solo se ha purificado la práctica y se ha hecho más benéfica, sino que el mismo concepto de beneficencia se ha hecho más amplio y más sabio. Ahora bien, el gran legado social que se nos ha transmitido consta de dos partes: el instinto de beneficencia que hace que, cuando predomina, cierta parte de nuestra naturaleza desee hacer bien a los hombres; y la concepción intelectual de beneficencia, que podemos comparar con cualquier forma de curso de conducta que se proponga y preguntar: ¿es esto benéfico o no? Con la puesta en cuestión y las respuestas continuas a tales preguntas el concepto crece en amplitud y discernimiento, y el instinto llega a fortalecerse y purificarse. Parece, entonces, que el uso principal del concepto, la parte intelectual del legado que se nos ha transmitido, consiste en capacitarnos para hacer preguntas; crece y se mantiene en forma gracias a ellas, y si no lo usamos con este fin lo iremos perdiendo por completo y nos quedaremos con un mero código de regulaciones que en absoluto puede llamarse moralidad.

Tales consideraciones se aplican incluso de forma más obvia y clara, si es posible, al conjunto de creencias y conceptos que nuestros padres han acumulado para nosotros por lo que respecta al mundo material. Estamos dispuestos a reírnos de la costumbre inveterada del australiano que continúa atando la cabeza del hacha a un extremo del mango, aunque el fabricante de Birmingham ha hecho un agujero a propósito para que introduzca el mango en él. Su gente ha atado las hachas así durante años: ¿quién es él para enfrentarse a su sabiduría? Ha caído tan bajo que no puede hacer lo que algunos debían haber hecho en el lejano pasado —poner en cuestión una costumbre establecida, e inventar o aprender algo mejor—. Con todo, aquí, en el borroso inicio del conocimiento, donde la ciencia y el arte son una misma cosa, encontramos solo la misma y simple regla que se aplica a los más altos y a los más profundos brotes de este árbol cósmico desde sus ramas floridas más elevadas hasta la más profunda de sus ocultas raíces, a saber: la regla de que lo que se ha acumulado y se nos ha dejado en herencia lo usan correctamente aquellos que actúan como sus creadores actuaron cuando lo almacenaron; los que lo usan para hacer preguntas que van más allá, para examinar, para investigar; quienes intentan honesta y solemnemente descubrir cuál es la forma correcta de mirar las cosas y de tratar con ellas.

Un problema correctamente planteado ya está medio respondido, dijo Jacobi[9]. Podemos añadir que el método para solucionarlo es la otra mitad de la respuesta, y que el resultado efectivo no cuenta al lado de las dos cosas anteriores. Como ejemplo, vayamos al telégrafo, donde la teoría y la práctica, cultivadas ambas durante años de discreción, están maravillosamente unidas para el servicio provechoso del ser humano. Ohm[10] descubrió que la potencia de una corriente eléctrica es

[9] Clifford se refiere aquí probablemente al matemático alemán Karl Gustav Jacob Jacobi (1804-1851) que, junto con el noruego Niels Henrik Abel, es el descubridor de las funciones elípticas (NE).

[10] Georg Simon Ohm (1789-1854), físico alemán descubridor de la ley que lleva su nombre y que afirma que la corriente que fluye por un conductor

directamente proporcional a la potencia de la batería que la produce, e inversamente proporcional a la longitud del cable a lo largo del cual tiene que pasar. Es la llamada ley de Ohm; sin embargo, el resultado, considerado como un enunciado que ha de creerse, no es la parte valiosa de tal ley. La primera mitad es la pregunta: ¿qué relación existe entre esas cantidades? Formulada de este modo, la pregunta incluye ya el concepto de potencia de la corriente y de potencia de la batería, como cantidades para ser medidas y comparadas; insinúa claramente que esas son las cosas a tener en cuenta en el estudio de las corrientes eléctricas. La segunda mitad es el método de investigación: ¿cómo medir esas cantidades, qué instrumentos se necesitan para el experimento, y cómo hay que usarlos? Al estudiante que empieza a aprender cosas sobre la electricidad no se le pide que crea la ley de Ohm; se hace que entienda la pregunta, se le pone delante del aparato y se le enseña a comprobarlo. Aprende a hacer cosas, no a creer que sabe cosas; a usar instrumentos y hacer preguntas, no a aceptar una afirmación tradicional. La cuestión que requirió un genio para solucionarla correctamente es respondida por un principiante. Si perdiéramos de repente la ley de Ohm y fuera olvidada por todos, mientras que la pregunta y el método para solucionarla permaneciesen, el resultado podría redescubrirse en menos de una hora. Sin embargo, el propio resultado, conocido por personas que no pudieran comprender el valor de la pregunta o los medios para resolverla, sería como un reloj en manos de un salvaje que no pudiera darle cuerda, o como un acorazado a vapor manejado por maquinistas españoles[11].

es directamente proporcional a la diferencia de potencial e inversamente proporcional a la resistencia (NE).

[11] En la segunda edición de *Lectures and Essays* —que recoge este artículo en su versión inglesa— se incluye el siguiente extracto de una carta de Clifford a Lady Pollock [Lady Juliet Creed Pollock (1818-1899), protectora de Clifford] fechada el 2 de julio de 1876: «Mañana zarpamos en un barco español para Almería y de allí en diligencia, o en otro barco, continuaremos a Málaga. El barco español será asqueroso, pero se trata solo de doce horas más o menos. Estoy mucho mejor y me encantará hacer un descanso en Granada después de todo este correteo de acá para allá.

Entonces, respecto de la sagrada tradición de la humanidad, nos damos cuenta de que consiste no en proposiciones o afirmaciones que han de aceptarse y creerse basándonos en la autoridad de la tradición, sino en preguntas correctamente planteadas, en conceptos que nos capacitan para formular preguntas adicionales, y en los métodos para responder preguntas. El valor de todas esas cosas depende de su comprobación diaria. El verdadero carácter sagrado de este valioso depósito nos impone la obligación y la responsabilidad de someterlo a prueba, de purificarlo y acrecentarlo hasta lo más alto de nuestra capacidad. Quien hace uso de sus resultados para ahogar sus propias dudas, o para impedir las investigaciones de otros, es culpable de un sacrilegio que los siglos no serán capaces de borrar. Cuando los esfuerzos y los cuestionamientos de personas honestas y valientes hayan avanzado en la construcción del tejido de la verdad conocida hasta alcanzar una gloria que en esta generación no podemos ni esperar ni imaginar, en este templo puro y sagrado, aquel no tendrá parte alguna que pueda reclamar como suya, y su nombre y trabajo habrán caído en la oscuridad y el olvido para siempre.

III. LOS LÍMITES DE LA INFERENCIA

La pregunta acerca de en qué casos podemos creer lo que va más allá de nuestra experiencia es muy compleja y delicada, se extiende a todos los ámbitos del método científico y requiere un considerable incremento de su aplicación antes de que pueda ser respondida con algún viso de completud. Sin embargo, quizá podamos mencionar aquí una regla de extrema simplicidad y vasta importancia práctica que se sitúa

P. S. [...] Hemos visto el barco español que se llama *La Encarnación* y con toda la razón del mundo: es la encarnación de todo lo malo».

[Nota del editor: La susodicha *Encarnación* justificó con creces todas las expectativas: los motores se estropearon en alta mar, nadie de los que estaban a bordo tenía competencia para repararlos y el barco estuvo a la deriva hasta que se avistó un buque que llevaba a bordo un maquinista francés.]

en los mismos umbrales del tema, y que dejaremos establecida en un instante.

Una pequeña reflexión nos mostrará que todas las creencias, incluso las más sencillas y fundamentales, van más allá de nuestra experiencia cuando se las contempla como guía de nuestras acciones. Un niño que se ha quemado tiene miedo al fuego, porque cree que el fuego le quemará hoy como le quemó ayer; pero esta creencia va más allá de la experiencia y supone que el fuego desconocido de hoy es como el conocido de ayer. Incluso la creencia de que el niño se quemó ayer supera nuestra experiencia *actual*, que contiene solo el recuerdo de una quemadura, no la quemadura misma; se supone, por lo tanto, que este recuerdo es digno de confianza, aunque sabemos que un recuerdo puede, a menudo, estar equivocado. Sin embargo, si va a usarse como guía para la acción, como una pista de lo que va a ser el futuro, debe suponer algo sobre ese futuro: a saber, que será consistente con el supuesto de que la quemadura realmente ocurrió ayer, lo cual es ir más allá de la experiencia. Incluso el fundamental «Yo soy», que no puede ser puesto en duda, no es guía para la acción a menos que conlleve «Yo seré», algo que también va más allá de la experiencia. La cuestión no es, por lo tanto, «¿podemos creer aquello que va más allá de la experiencia?», porque esto está involucrado en la propia naturaleza de la creencia; pero «¿hasta dónde y de qué manera podemos ampliar nuestra experiencia al formar nuestras creencias?».

Una respuesta, de total sencillez y universalidad, nos la sugiere el ejemplo que hemos considerado: un niño quemado teme el fuego. Podemos ir más allá de la experiencia suponiendo que lo que no sabemos es semejante a lo que sabemos; en otras palabras, podemos incrementar nuestra experiencia suponiendo que hay uniformidad en la naturaleza. Qué es precisamente esta uniformidad y cómo crecemos en su conocimiento de generación en generación son los interrogantes que por ahora vamos a dejar a un lado contentándonos con examinar dos ejemplos que pueden servirnos para aclarar la naturaleza de la regla.

A partir de ciertas observaciones hechas con el espectroscopio inferimos la existencia de hidrógeno en el Sol. Mirando en el espectroscopio cuando los rayos del sol inciden sobre su hendidura vemos ciertas líneas brillantes y definidas, y los experimentos hechos con cuerpos de la Tierra nos han enseñado que cuando se ven esas líneas brillantes el hidrógeno es la fuente de ellas. Suponemos entonces que las desconocidas líneas brillantes del sol son como las conocidas líneas brillantes del laboratorio, y que el hidrógeno en el Sol se comporta como el hidrógeno se comportaría, en las mismas circunstancias, en la Tierra.

Pero, ¿no estamos confiando demasiado en nuestro espectroscopio? Seguramente, al haberlo encontrado fiable para las sustancias terrestres, donde sus afirmaciones pueden ser comprobadas por el ser humano, estamos justificados para aceptar su testimonio en otros casos; pero ¿no lo estamos cuando nos da información sobre acontecimientos que tienen lugar en el Sol donde su testimonio no puede ser verificado directamente por el hombre?

Ciertamente, queremos saber un poco más antes de que esta inferencia pueda justificarse; y afortunadamente lo sabemos. El espectroscopio atestigua exactamente lo mismo en los dos casos; esto es, que las vibraciones de la luz de cierta intensidad pasan a través de él. Su diseño es tal que, si fallara en esto en un caso, fallaría en el otro. Cuando examinamos el problema, nos encontramos que hemos supuesto realmente que la materia de que está hecho el Sol es semejante a la materia de que está hecha la Tierra, que esta está constituida por un cierto número de sustancias, que cada una de ellas, cuando está sometida a elevadas temperaturas, tiene un distinto grado de vibración y que, en virtud de esto, puede ser reconocida y separada del resto. Pero esta es la clase de suposición que tenemos justificación para usar cuando aumentamos nuestra experiencia. Es una suposición sobre la uniformidad en la naturaleza, y puede ser comprobada solo por la comparación con muchas otras suposiciones similares que hemos hecho en otros casos del mismo tipo.

¿Pero es la existencia de hidrógeno en el sol una creencia verdadera? ¿Puede ayudarnos para servir correctamente de guía a la acción humana?

Ciertamente no, si se acepta teniendo como base fundamentos sin valor y sin ninguna comprensión del proceso que lleva a conseguir este resultado. Pero cuando tal procedimiento se considera la base de la creencia, se convierte en un asunto muy serio y altamente práctico, ya que, si no hay hidrógeno en el sol, el espectroscopio —es decir, la medición de las tasas de vibración— tiene que ser un método poco seguro para reconocer diferentes sustancias; y consecuentemente no debería ser usado en análisis químicos —en el proceso de aquilatar metales, por ejemplo— para ahorrar tiempo, trabajo y dinero. Muy al contrario, la aceptación del método espectroscópico como método fiable nos ha enriquecido no solo con nuevos metales, lo que ya es de por sí es una gran cosa, sino con nuevos procesos de investigación, lo cual es mucho más importante.

Por poner otro ejemplo, consideremos la manera en que inferimos la verdad de un hecho histórico —digamos el sitio de Siracusa[12] en las Guerras del Peloponeso—. Nuestra experiencia es que existen manuscritos que se dice que son y que se autodenominan manuscritos de la historia de Tucídides[13]; que en otros manuscritos, que historiadores posteriores afirman que existen, se describe a Tucídides como coetáneo de la época de la guerra; además varios libros, supuestamente fechados en el Renacimiento, nos cuentan cómo esos manuscritos han sido conservados y cómo se consiguieron entonces. Sabemos también que las personas, por norma general, no falsifican libros e historias sin ningún motivo especial; suponemos que a este respecto las personas del pasado eran como las personas actuales; y apreciamos que en este caso no había ningún motivo especial. Es decir, aumentamos nuestra experiencia con la suposición de una uniformidad en el carácter de los seres humanos. Como nuestro conocimiento de esta uniformidad es mucho menos completo y exacto que el que se da en la física, las

[12] Se refiere al largo asedio (415-413 a. de C.) al que Atenas sometió a la ciudad de Siracusa durante las Guerras del Peloponeso y que acabó con una legendaria derrota de la escuadra ateniense (NE).

[13] Tucídides (460?-404 a. de C.) es el más célebre de los historiadores de la Grecia clásica. Su *Historia de la Guerra del Peloponeso* —que narra las luchas entre Atenas y Esparta en el siglo v a. de C.— se considera como el primero de los tratados de historia que analiza desde el punto de vista social, político y ético las guerras entre los Estados (NE).

inferencias de tipo histórico son más precarias y menos exactas que las inferencias que se hacen en muchas otras ciencias.

Sin embargo, si hay alguna razón especial para sospechar del carácter de las personas que escribieron o transmitieron ciertos libros, la cuestión se altera. Si un grupo de documentos ofrece una evidencia interna de que se produjeron entre personas que falsificaron algunos libros en nombre de otros, y que, al describir los hechos, suprimían los elementos que no les venían bien, mientras destacaban aquellos que sí —unas personas que no solo cometieron esos delitos, sino que se jactaban de ellos como prueba de humildad y entusiasmo—, entonces debemos decir que a partir de tales documentos no podemos fundamentar ninguna inferencia histórica verdadera, sino solo conjeturas insatisfactorias.

Podemos entonces acrecentar nuestra experiencia bajo el supuesto de la uniformidad en la naturaleza; podemos completar nuestro cuadro de lo que es y lo que ha sido, tal como nos lo da la experiencia, de manera que hagamos que el conjunto sea consistente con su uniformidad. Y la inferencia prácticamente demostrativa —la que nos da derecho a creer en su resultado— es una demostración clara de que de ninguna otra forma que no sea a través de la verdad de este resultado puede salvarse la uniformidad de la naturaleza.

Por lo tanto, ninguna evidencia puede darnos una justificación para que creamos la verdad de una afirmación que es contraria a, o esté fuera de, la uniformidad de la naturaleza. Si nuestra experiencia es tal que no puede colmarse consistentemente con la uniformidad, todo lo que tenemos derecho a concluir es que hay algo equivocado en alguna parte. Pero la posibilidad de la inferencia se suprime; debemos basarnos en nuestra experiencia y no ir más allá en absoluto. Si realmente ocurriera algún suceso que no fuera parte de la uniformidad de la naturaleza, tendría dos propiedades: ninguna evidencia justificaría que alguien lo creyera, a no ser aquellos que lo experimentasen de forma efectiva, y ninguna inferencia merecedora de convertirse en creencia podría fundamentarse en absoluto en ella.

¿Estamos entonces obligados a creer que la naturaleza es uniforme absoluta y universalmente? Por supuesto que no, no tenemos derecho a creer nada de este estilo. La regla solo nos dice que al formar creencias que van más allá de nuestra experiencia podemos suponer que la naturaleza es prácticamente uniforme en lo que nos concierne. Dentro del ámbito de la acción y verificación humanas, podemos elaborar, con ayuda de este supuesto, creencias verdaderas; más allá de esto, solo podemos elaborar aquellas hipótesis que nos equipan para el planteamiento más exacto de preguntas.

En resumen:

Podemos creer lo que va más allá de nuestra experiencia solo cuando se infiere de esa experiencia, bajo el supuesto de que lo que no sabemos es semejante a lo que sabemos.

Podemos creer una afirmación de otra persona cuando hay base razonable para suponer que sabe de qué está hablando, y que está diciendo la verdad en la medida en que la conoce.

En cualquier caso, es un error creer tomando como base evidencia insuficiente; donde hay presunción de que se debe dudar e investigar es peor creer que hacer presunciones.

La voluntad de creer

LA VOLUNTAD DE CREER[1]

William James

INTRODUCCIÓN

En la biografía recientemente publicada por Leslie Stephen[2] de su hermano Fitz-James[3], hay un relato sobre la escuela a la

[1] Conferencia pronunciada ante los *Philosophical Clubs* de las universidades de Yale y Brown.

[2] Sir Leslie Stephen (1832-1904), literato y pensador inglés que fue el primer editor del *Dictionary of National Biography*. Aunque recibió la ordenación como clérigo anglicano en 1859, las controversias surgidas a partir de la publicación en ese mismo año de *El origen de las especies* de Darwin le hicieron abandonar —como sucedió con muchos de sus contemporáneos— la fe cristiana. Entre sus obras filosóficas destacan su *History of the English Tought in the Eighteenth Century* (1876), *The English Utilitarians* (1900) y *Science and Ethics* (1882), uno de los primeros intentos de aplicar al estudio de la ética la doctrina de la evolución. Entre los hijos de su segundo matrimonio están la novelista Virginia Woolf y la pintora Vanessa Bell. [Nota del editor (NE)].

[3] James Fitz-James Stephen (1829-1894), juez, historiador del derecho y crítico literario, fue uno de los primeros juristas que intentó sistematizar los principios de la jurisprudencia criminal inglesa. Fue famosa su obra *Liberty,*

que este acudió de niño. El maestro, un tal Sr. Guest, solía conversar con sus pupilos de esta forma: «Gurney, ¿cuál es la diferencia entre justificación y santificación?; Stephen, ¡demuestra la omnipotencia de Dios!», etc. En medio del librepensamiento y la indiferencia de nuestro Harvard, nos inclinamos a imaginar que aquí, en sus buenas, viejas y ortodoxas facultades, la conversación continúa teniendo en cierta manera este tenor; y para mostrarles que en Harvard no hemos perdido todo interés por esos asuntos vitales, me he traído para leerles esta noche algo parecido a un sermón sobre la justificación por la fe; quiero decir, un ensayo sobre la justificación *de* la fe, una defensa de nuestro derecho a adoptar una actitud de creencia en asuntos religiosos, sin que nuestro intelecto meramente lógico pueda no haber sido coaccionado. El título de mi exposición es, de acuerdo con esto, «La voluntad de creer».

He defendido durante mucho tiempo ante mis propios estudiantes la legitimidad de la fe voluntariamente aceptada; pero tan pronto como se encuentran bien imbuidos del espíritu lógico, tienen como norma negarse a admitir mi posición de que tal cosa es filosóficamente legítima, incluso en el caso de que personalmente ellos mismos estén llenos a rebosar de algún tipo u otro de fe. Sin embargo, estoy siempre tan profundamente convencido de que mi propia posición es la correcta, que su invitación me ha parecido una buena ocasión para dejar más claras cuáles son mis afirmaciones. Quizá sus mentes estén más abiertas que aquellas con las que hasta ahora he tenido que bregar. Procuraré desechar en la medida que pueda cualquier tecnicismo, aunque no me queda más remedio que empezar sentando algunas distinciones técnicas que, en última instancia, nos servirán de ayuda.

I

Vamos a darle el nombre de *hipótesis* a cualquier cosa que nos pueda ser propuesta como objeto de nuestra creencia; e

Equality Fraternity (1873) que, polemizando con *On Liberty* (1859) de John Stuart Mill, presentaba una filosofía política de corte antidemocrático (NE).

igual que los electricistas hablan de cables vivos y muertos, hablaremos de las hipótesis como *vivas* o *muertas*. Una hipótesis viva es la que se ofrece como una posibilidad real a aquel a quien se la propone. Si os pido que creáis en Al Mahdi[4], la noción no establece conexión eléctrica alguna con vuestra naturaleza —se niega a brillar con credibilidad alguna—. Como hipótesis, es algo que está completamente muerto. Sin embargo, para un árabe (incluso si no es uno de los seguidores de Al Mahdi), la hipótesis está dentro de sus posibilidades mentales: está viva. Esto muestra que el que una hipótesis esté muerta o viva no es una propiedad intrínseca suya, sino que se trata de una relación con la persona que piensa tomada de manera individual. Tales hipótesis se miden por su más o menos pronta disposición a actuar. El máximo grado de vivacidad de una hipótesis indica la voluntad de actuar irrevocablemente. De forma práctica, eso significa creer, pues hay tendencia a creer donde quiera que hay voluntad de actuar.

A renglón seguido, llamemos *opción* a la decisión entre dos hipótesis. Las opciones pueden ser de varias clases. Podrían ser: 1) *vivas* o *muertas*; 2) *obligadas* o *evitables*; 3) *importantes* o *triviales*; y para nuestros propósitos podemos decir que una opción es *genuina* cuando es de tipo obligado, importante y vivo.

1. Una opción viva es aquella en la que ambas hipótesis son hipótesis vivas. Si le digo a uno de ustedes: «Hágase usted teósofo o hágase mahometano», tal cosa probablemente se trate de una opción muerta, porque no es verosímil que ninguna de ambas hipótesis vaya a estar viva para ninguno de ustedes. Pero si digo: «Hágase usted agnóstico

[4] Al Mahdi —que en árabe significa «el correctamente guiado»— es el nombre adoptado por Muhammad Ahmad Ibn As-Sayyid' Abd Allah (1844-1885), un reformador del islam muy popular en el siglo XIX que abominaba de la ortodoxia religiosa y favorecía una interpretación mística de raigambre sufí de la fe musulmana. Como líder político fue el creador en 1881 de un gran Estado islámico de carácter teocrático, que abarcaba desde el Mar Rojo hasta el África central. Una parte del Estado que creó Al Mahdi es el actual Sudán, donde la influencia de las doctrinas religioso-políticas de su fundador no es todavía despreciable (NE).

o hágase cristiano», el asunto es distinto: teniendo en cuenta la educación que hemos tenido, las dos hipótesis ejercen algún atractivo, por pequeño que sea, sobre nuestras creencias.

2. En segundo lugar, si le digo a uno de ustedes: «Elija entre salir con paraguas o sin él», no le ofrezco una opción genuina, ya que no es obligada. Puede evitarla fácilmente quedándose en casa. De modo similar, si digo: «Ámeme u ódieme», «Considere mi teoría como verdadera o considérela como falsa», la opción es evitable. Puede adoptar una actitud indiferente respecto a mí —ni amarme ni odiarme— y puede declinar el ofrecer juicio alguno sobre mi teoría. Pero si digo: «Acepte usted esta verdad o márchese sin ella», le estoy poniendo ante una opción obligada, ya que no hay lugar en el que situarse al margen de la alternativa. Todos los dilemas basados en una disyunción lógica completa, sin posibilidad de no elegir, son opciones de tipo obligado.

3. Finalmente, si yo fuera el doctor Nansen[5] y le propusiera a uno de ustedes unirse a mi expedición al Polo Norte, su opción sería importante, ya que esta sería probablemente su única oportunidad de este tipo, y la elección que esa persona hace ahora o bien la excluiría totalmente de la cierta inmortalidad que pudiera darle el participar en una expedición al Polo Norte, o bien pondría al menos en sus manos la oportunidad de alcanzarla. Quien rechaza aceptar una oportunidad única de hacer alguna cosa pierde el premio que podría lograr con la misma seguridad que si intentara hacer esa misma cosa y no lo lograra. *Per contra*, la opción es trivial cuando la oportuni-

[5] Fridtjof Nansen (1961-1930), famoso oceanógrafo noruego y organizador de varias expediciones al Polo y al Atlántico Norte durante fines del XIX y principios del XX. Como político, participó en las conversaciones para la separación de Noruega y Suecia en 1905 y fue el primer presidente del gobierno de su país en 1906. Al terminar la Primera Guerra Mundial fue comisionado de la Liga de Naciones para resolver el problema de los refugiados de guerra y en esa labor perseveró hasta su muerte. La fundación Nobel reconoció sus méritos al otorgarle en 1922 el Premio Nobel de la Paz (NE).

dad no es única, cuando la apuesta es insignificante, o cuando la decisión es revocable si más tarde esta resulta no ser sabia. Tales decisiones triviales abundan en el mundo científico. Un químico considera que una hipótesis es tan viva que emplea un año en verificarla: cree en ella hasta ese punto. Pero si sus experimentos demuestran que, en cualquier caso, tal hipótesis no es concluyente, nada le importa su pérdida de tiempo, pues no se ha producido ningún daño vital.

Si mantenemos bien presentes todas estas distinciones nuestra discusión será sin duda más fácil.

II

El siguiente asunto que vamos a considerar es la psicología efectiva de la opinión humana. Cuando contemplamos ciertos hechos, parecería como si nuestra naturaleza pasional y volitiva estuviese asentada en la raíz de todas nuestras convicciones. Cuando contemplamos otros, parece como si tales naturalezas no pudieran hacer nada, una vez que el intelecto ha dado su veredicto. Ocupémonos en primer lugar de esta segunda clase de hechos.

¿No resulta a simple vista ridículo hablar de que nuestras opiniones son modificables a voluntad? ¿Puede nuestra voluntad ayudar o entorpecer a nuestro intelecto en sus percepciones de la verdad? ¿Podemos, solo deseándolo, creer que la existencia de Abraham Lincoln es un mito, y que sus retratos en *McClure's Magazine*[6] son todos ellos de otra persona? ¿Podemos creer, con un esfuerzo de nuestra voluntad —o deseando con fuerza que sea verdad—, que estamos sanos y en pie cuando estamos en la

[6] Samuel Sidney McClure fue el fundador en 1893 del extraordinariamente famoso en su época *McClure's Magazin*. La revista, muy conocida por sus ilustraciones, revolucionó el panorama de las publicaciones periodísticas de este tipo al ofrecer un producto que podía competir en calidad con los *magazines* más aristocráticos y en precio con los más populares (NE).

cama bramando a causa de dolores reumáticos? ¿O podemos experimentar la certeza de que la suma de los dos billetes de un dólar que tenemos en nuestro bolsillo tiene que ser cien dólares? Podemos *decir* cualquier cosa de estas, aunque somos absolutamente incapaces de creérnoslas; pero justamente de este mismo tipo de asuntos está compuesta la fábrica entera de las verdades que creemos —asuntos de hecho, inmediatos o remotos, como dijo Hume, y relaciones entre ideas que, para nosotros, podrán estar o no ahí, si así las vemos, pero que, si no están, no pueden ser puestas ahí por ninguna de nuestras acciones—.

En los *Pensamientos* de Pascal[7] hay un celebrado pasaje conocido como «la apuesta de Pascal». En él Pascal intenta obligarnos a abrazar el cristianismo por medio de un razonamiento que procede como si nuestra preocupación por la verdad se pareciera a nuestra preocupación por las apuestas en un juego de azar. Traducidas libremente, sus palabras son estas: Uno tiene que creer o no creer que Dios existe. ¿Qué harás? La razón humana no puede decir nada sobre ello. Está teniendo lugar un juego entre nosotros y la naturaleza de las cosas que en el día del juicio se revelará si tiene como resultado cara o cruz. Pondera cuáles serían tus ganancias y tus pérdidas si apostaras todo lo que tienes a cara, esto es: a la existencia de Dios. En tal caso, si ganaras, ganarías la felicidad eterna; si perdieses, no perderías nada en absoluto. Si en esta apuesta hubiera infinidad de posibilidades y solo una de ellas fuera a favor de la existencia de Dios, todavía deberías apostar todo a favor de Dios, ya que aun cuando seguramente te arriesgas a tener una pérdida finita por

[7] Blaise Pascal (1623-1662), matemático, físico filósofo y teólogo es también el fundador de la moderna teoría de la probabilidad y el inventor en 1644 de la primera calculadora mecánica. En los *Pensamientos* (1657-1658) Pascal presenta un argumento —la llamada «apuesta de Pascal»— para rechazar el agnosticismo que sirve como modelo a William James en «La voluntad de creer». En efecto, Pascal reconoce que la razón poco puede decir cuando se nos plantea la disyuntiva entre creer o no creer; no obstante, puede presentarse, sostiene él, un argumento razonado que nos *persuada* de la conveniencia de creer y no precisamente porque tal argumento nos pueda *garantizar* la verdad de aquello de cuya creencia se nos intenta persuadir. (Véase pp. 56-66 de la introducción sobre este punto) (NE).

este procedimiento, cualquier pérdida finita es razonable —incluso una pérdida segura es razonable— si hay, sin embargo, la posibilidad de una ganancia infinita. Vete entonces, toma agua bendita y haz que se digan misas; la creencia vendrá y atontará tus escrúpulos —*Cela vous fera croire et vous abêtira*—. ¿Por qué no hacerlo? A fin de cuentas, ¿qué tienes que perder?

Probablemente sientan ustedes que cuando la fe religiosa se expresa así, usando un lenguaje propio de tahúres, está arriesgando sus últimos triunfos. Seguramente la propia creencia de Pascal en las misas y el agua bendita tuviera muchos otros orígenes y esta celebrada página suya no sea sino un argumento para los demás, una última y desesperada andanada que quiere ser arma contra la dureza del corazón incrédulo. Nos parece que una fe en las misas y el agua bendita adoptada de manera totalmente voluntaria después de tal cálculo mecánico carecería del espíritu íntimo de la realidad de la fe; y si estuviéramos en el lugar de Dios, probablemente encontraríamos un placer particular en despojar de su recompensa infinita a los creyentes que siguiesen este modelo. Es evidente que, a menos que haya alguna tendencia previa a creer en las misas y el agua bendita, la opción ofrecida a la voluntad por Pascal no es una opción viva. Ciertamente un turco nunca tendría en cuenta las misas y el agua bendita; e incluso para nosotros los protestantes, estos medios de salvación nos parecen imposibilidades tan evidentes que la lógica de Pascal, invocada específicamente para ellos, no nos conmueve una sola fibra. También podría Al Mahdi escribirnos diciendo: «Yo soy el Esperado a quien Dios, en su esplendor, ha creado. Seréis infinitamente felices si me reconocéis como tal; de lo contrario, se os arrebatará la luz del sol. ¡Ponderad entonces vuestra infinita ganancia si yo soy auténtico, frente a vuestro finito sacrificio si no lo soy!». Su lógica sería la de Pascal; sin embargo, la usaría vanamente en nosotros, ya que la hipótesis que nos ofrece está muerta, no existe en nosotros tendencia en grado alguno a actuar de acuerdo con ella.

El hablar de creer por un acto de volición nuestro parece, pues, desde cierto punto de vista, sencillamente ridículo. Desde otro punto de vista es peor que ridículo, es una vileza. Cuando uno vuelve sus ojos hacia el magnífico edificio de las ciencias físicas y ve cómo se ha alzado; cuántos cientos de vidas desinteresadas de moralidad excelente yacen enterradas en sus mismos cimientos; cuánta paciencia y privación, cuánta contención de preferencias, qué sumisión a las gélidas leyes del hecho externo se ha forjado tanto en sus propios sillares como en su argamasa; cómo se erige de modo absolutamente impersonal en su augusta estatura; cuando uno contempla todo esto, digo, solo puede exclamar: ¡qué embrutecido y despreciable parece todo enano sentimental que se nos presenta expulsando a voluntad de su boca volutas de humo, y pretendiendo decidir las cosas desde su sueño privado! ¿Podemos maravillarnos de que los educados en la dura y viril escuela de la ciencia sintieran la necesidad de vomitar tal subjetivismo de sus bocas? Todo el sistema de lealtades que crece en las escuelas de ciencia va a muerte en contra de tolerar tales actitudes. De este modo, es natural que aquellos que han contraído la fiebre científica se pasen al extremo opuesto, y escriban algunas veces como si el intelecto incorruptiblemente veraz debiera preferir efectivamente la amargura e inaceptabilidad de su elixir a las razones del corazón.

> Fortalece mi espíritu saber
> que, aunque yo perezca, la Verdad permanece

canta Clough[8], mientras Huxley[9] exclama: «Mi único consuelo descansa en la reflexión de que, por mala que nuestra posteridad pueda llegar a ser, mientras se guíe por la simple nor-

[8] Arthur Hugh Clough (1819-1861) fue un poeta muy popular en su tiempo, hasta el punto de que una de sus antologías *Clough's Poems* (1862) se reeditó más de una veintena de veces en cuarenta años. Su posición intelectual —reflejada en su poesía— es un buen ejemplo de las dudas, perplejidades religiosas y luchas interiores de muchos de los intelectuales ingleses del siglo XIX (NE).

[9] Thomas Henry Huxley (1825-1895), fue un biólogo y ensayista inglés cuyas investigaciones en los mares del sur a bordo del barco *Rattlesnake* le dieron una pronta y merecida fama. A pesar de su juventud, Huxley fue uno de los pocos científicos a los que Darwin consultó antes de la publicación de *El origen de las especies* (1859). A partir de ese momento, Huxley actuó como defensor público de las doctrinas evolucionistas en los fieros debates de toda laya que tuvieron lugar especialmente en las décadas de los sesenta y setenta del siglo XIX, entre los que merece destacarse su célebre confrontación en 1860 con el obispo

ma de no fingir creer lo que no tiene razón para creer porque podría ser ventajoso para ellos fingirlo [la palabra "fingir" aquí es seguramente redundante], no habrá alcanzado en la misma medida el más bajo grado de inmoralidad». Y Clifford, ese delicioso *enfant terrible,* escribe: «La creencia es profanada cuando se la entrega a afirmaciones no demostradas y no cuestionadas para el solaz y el placer privado del que cree [...]. Aquellos que protejan la pureza de su capacidad de creer con un cuidado celoso y fanático, de manera que nunca recale en un objeto sin valor y provoque una mancha que ya nunca pueda ser eliminada, merecen los parabienes de los demás [...]. Si [una] creencia ha sido aceptada tomando como base una evidencia insuficiente [incluso aunque la creencia sea verdadera, como Clifford en la misma página explica] el placer es un placer robado [...]. Es un placer pecaminoso, porque se consigue burlando nuestro deber para con la humanidad. Ese deber es el de protegernos de tales creencias como de la peste, que puede en poco tiempo adueñarse de nuestro propio cuerpo y después extenderse al resto de la ciudad [...]. Creer algo basándose en una evidencia insuficiente es malo siempre, en cualquier lugar y para todo el mundo».

III

Todo esto le produce a uno la impresión de ser bastante razonable, incluso cuando se expresa, como lo hace Clifford, con un *pathos* quizás demasiado robusto en la voz. El libre albedrío y el simple desear parecen haber quedado reducidos, en lo que respecta a las creencias, a lo que es la quinta rueda para

Samuel Wilberforce que, para muchos, marca la declaración de independencia de la ciencia respecto de la teología. Las reflexiones de Huxley sobre la filosofía y la religión le llevaron a convertirse en un fiel defensor del agnosticismo —término que él puso en circulación— y del que pensaba que no era esencialmente un credo, sino más bien la aplicación de un principio muy simple: seguir los dictados de la razón hasta donde esta nos pueda llevar y, llegados a este punto, reconocer con franqueza los límites de nuestro conocimiento. Los lectores no dejarán de ver en este principio una similitud notable con las posiciones de Clifford (NE).

el coche. Con todo, si cualquiera da por supuesto en este punto que la intuición intelectual es lo que queda después de que el deseo, la voluntad y la preferencia sentimental hayan alzado el vuelo, o que la razón pura es entonces lo que asienta nuestras opiniones, me temo que su posición tropezaría de frente con los hechos.

Solo aquellas hipótesis nuestras que ya están muertas son las que no pueden ser reanimadas por nuestra naturaleza volitiva. Pero lo que ha hecho que, para nosotros, estén muertas es, en la mayor parte de los casos, una acción previa de nuestra naturaleza volitiva de carácter antagonista. Cuando digo «naturaleza volitiva», no quiero decir solo voliciones deliberadas tales que quizá establezcan hábitos de creencia de los que no podemos ahora escapar; me refiero a todos los factores de la creencia tales como el miedo y la esperanza, el prejuicio y la pasión, la imitación y la camaradería, la presión ambiente de nuestra casta y nuestro grupo. De hecho, nosotros mismos nos encontramos con que creemos, pero difícilmente sabemos cómo y por qué. El señor Balfour[10] denomina «autoridad» a todas esas influencias, nacidas del clima intelectual, que hacen que las hipótesis sean para nosotros posibles o imposibles, vivas o muertas. Aquí, en esta habitación, todos nosotros creemos en las moléculas y en la conservación de la energía, en la democracia y en el progreso necesario, en el cristianismo protestante y en la obligación de luchar por «la doctrina del inmortal Monroe[11]» y todo por razones no merecedoras de

[10] Arthur James Balfour (1848-1930), político inglés muy conocido por la célebre «declaración Balfour» de 2 de noviembre de 1917, que manifestaba la aprobación británica al sionismo y abría la puerta a la ayuda internacional a la creación en Palestina de un nuevo país para los judíos. Desde el punto de vista filosófico, la publicación en 1879 de su *Defence of Philosophical Doubt* le convierte en uno de los campeones de los derechos de la religión en su querella con la ciencia a finales del XIX. Su posición general, vista con simpatía por James, es que la ciencia tiene su fundamento en un acto de fe, en la misma medida que lo tiene, por ejemplo, la teología (NE).

[11] La llamada «doctrina Monroe» fue enunciada en el Congreso de los Estados Unidos de América en 1823 por el presidente James Monroe y respondía a la preocupación de los Estados Unidos de que las potencias europeas intentaran restaurar de alguna manera el antiguo imperio español que acababa de

tal nombre. Vemos por dentro estos asuntos con una claridad no mucho más profunda, y probablemente con mucha menos, de la que pueda poseer cualquiera que no crea en ellos. Su falta de apego a ellos tendrá probablemente algunas razones que mostrar a favor de sus conclusiones; sin embargo, para nosotros, no es la intuición, sino el *prestigio* de las opiniones, lo que hace que salte de ellas la chispa e ilumine nuestros somnolientos depósitos de la fe. Nuestra razón queda completamente satisfecha, en novecientos noventa y nueve casos de cada mil, si puede encontrar unos pocos argumentos que recitar en el caso de que nuestra credulidad sea criticada por algún otro. Nuestra fe es fe en la fe de algún otro, y esto ocurre la mayoría de las veces en los asuntos más importantes. Nuestra creencia en la verdad misma, por ejemplo, en que hay una verdad, y que nuestras mentes y ella están hechas las unas para la otra, ¿qué es sino una apasionada afirmación de deseo, en el cual nuestro sistema social se apoya? Queremos tener una verdad; queremos creer que nuestros experimentos, estudios y discusiones deben colocarnos en una disposición cada vez mejor hacia ella; y en esta línea estamos de acuerdo en que este sea el escenario en que luchen nuestras vidas pensantes. Pero si un escéptico pirrónico nos pregunta *cómo sabemos* todo esto, ¿puede nuestra lógica encontrar una respuesta? ¡No!, ciertamente no puede. Es una volición contra otra: se trata de que nosotros deseamos entrar en la vida teniendo como base una confianza o suposición que a él, por su parte, le trae sin cuidado[12].

Como norma, no creemos en los hechos y teorías para los que no encontramos utilidad. Las emociones cósmicas de Clifford no tienen utilidad para los sentimientos cristianos. Huxley vapulea a los obispos porque no hay sitio para el sacerdocio en

desmoronarse. Los cuatro puntos de la declaración hacen referencia especial a las intenciones de los Estados Unidos de no interferir en los problemas entre los Estados europeos, pero consideran un acto hostil cualquier intento de reabrir la colonización en el hemisferio occidental (NE).

[12] Véase la admirable página 310 en S. H. Hodgson, *Time and Space*, Londres, 1865.

su esquema de vida. Newman[13], por el contrario, se pasa al catolicismo romano y encuentra todo tipo de buenas razones para permanecer en él porque un sistema sacerdotal es para él una necesidad y un placer orgánicos. ¿Por qué tan pocos «científicos» se interesan siquiera por la evidencia a favor de la denominada telepatía? Porque creen, como me dijo una vez un importante biólogo, ya fallecido, que incluso si tal cosa fuera verdad, los científicos deberían concertarse para mantener tal evidencia sofocada y oculta. Desharía la uniformidad de la naturaleza y toda otra suerte de cosas sin las que los científicos no pueden continuar sus investigaciones. Sin embargo, si a este mismo hombre se le hubiera mostrado algo que, como científico, pudiera *hacer* con la telepatía, no solo podría haber examinado la evidencia, sino también incluso haberla encontrado suficientemente buena. Esta misma ley que los lógicos nos impondrían —si puedo dar el nombre de lógicos a aquellos que descartarían aquí nuestra naturaleza volitiva— no se basa sino en su propio deseo natural de excluir todos los elementos para los que ellos, en tanto que lógicos profesionales, podrían no encontrar utilidad alguna.

Entonces, es evidente que nuestra naturaleza no intelectual influye en nuestras convicciones. Hay tendencias pasionales y voliciones que preceden y otras que van a continuación de la creencia, y solo son las últimas las que llegan tarde a la feria; y no llegan demasiado tarde cuando la labor pasional previa ha

[13] John Henry Newman (1801-1890) fue uno de los líderes del denominado «movimiento de Oxford», que pretendía reformar la iglesia anglicana subrayando la autoridad dogmática de la iglesia y poniendo en valor su lugar como representante de la verdadera catolicidad, que había sido traicionada tanto por la iglesia de Roma como por el protestantismo. Diversas disputas dentro del movimiento de Oxford y sus meditaciones sobre el desarrollo histórico de la cristiandad llevaron a Newman a la convicción de que la verdadera iglesia en su presente estado de desarrollo era la iglesia católica romana en la que finalmente entró en 1845 y de la que llegó a ser cardenal. Sus obras más importantes comprenden *Lectures on the Profetical Office of the Church* (1837), *University Sermons* (1843), *Parrochial and Plain Sermons* (1834-42), *Apologia pro Vita Sua* (1864) y *An Essay in Aid of a Grammar of Assent* (1870), un examen de la naturaleza de la fe como certeza surgida a partir de evidencia que solo puede ser probable (NE).

ido en su propia dirección. El argumento de Pascal, en lugar de carecer de poder, parece ofrecer buenas agarraderas, y es la estocada definitiva para hacer que sea completa nuestra fe en las misas y el agua bendita. El estado de cosas está evidentemente lejos de ser sencillo; y la lógica y la intuición puras y simples, sea lo que sea lo que idealmente puedan hacer, no son las únicas cosas que realmente producen nuestros credos.

IV

Nuestra siguiente obligación, una vez reconocido lo revuelto que está este estado de cosas, es preguntarnos si es simplemente censurable y patológico, o si, por el contrario, debemos tratarlo como un elemento habitual en la configuración de nuestras mentes. La tesis que defiendo es, enunciada brevemente, esta: *nuestra naturaleza pasional no solo legítimamente puede, sino que debe optar entre proposiciones, siempre que se trate de una opción genuina que no puede ser decidida, dada su naturaleza, tomando como base fundamentos intelectuales; pues decir, en tales circunstancias, «No decida usted, deje la cuestión abierta», es en sí misma una decisión pasional —exactamente lo mismo que decidir sí o no—, y va acompañada por el mismo riesgo de perder la verdad.* Confío en que esta tesis, así expresada de forma abstracta, se aclarará en breve. Pero antes debo entregarme a la realización de un poco más de trabajo preliminar.

V

Se observará que, para los propósitos de esta discusión, estamos sobre una base «dogmática» —una base, quiero decir, que deja el escepticismo filosófico sistemático completamente al margen—. Estamos deliberadamente resueltos a postular que existe la verdad, y que es el destino de nuestras mentes alcanzarla, por mucho que el escéptico no lo haga así. Por tanto, nos separamos en este punto de él. Sin embargo, la fe en que la verdad existe y en que nuestras mentes son capaces de encontrarla puede sostenerse de dos formas. Podemos hablar del modo *empírico* y del modo *absolutista* de creer en la verdad. Los absolutistas por lo que respecta a este asunto dicen que no solo podemos llegar al conocimiento de la verdad, sino que incluso podemos *saber cuándo* hemos llegado a conocerla; mientras que los empiristas piensan que, aunque quizá la alcancemos, no podemos saber infaliblemente cuándo lo logramos. *Saber* es una cosa, y saber con certeza *que* sabemos es otra. Quizá alguien pueda sostener que lo primero es posible sin lo segundo; de ahí que los empiristas y los absolutistas, aunque ninguno de ellos sea escéptico en el sentido filosófico usual del término, muestren grados muy diferentes de dogmatismo en sus vidas.

Si echamos un vistazo a la historia de las opiniones, vemos que la tendencia empírica ha prevalecido mayoritariamente en ciencia, mientras que en filosofía la tendencia absolutista ha ido en todo momento a la suya. En efecto, la típica clase de felicidad que las filosofías producen ha consistido principalmente en la convicción, sentida por cada escuela o sistema sucesivos, de que han alcanzado a fondo la certeza. «Otras filosofías son colecciones de opiniones, la mayoría falsas; *mi* filosofía ofrece un fundamento estable para siempre». ¿Quién no reconoce en esto la nota clave de todo sistema merecedor de ese nombre? Un sistema, para ser un sistema completo, debe presentarse como un sistema *cerrado*, revocable quizás en este o aquel detalle, pero nunca en sus rasgos esenciales.

La ortodoxia escolástica, a la cual uno debe siempre remitirse cuando desea encontrar afirmaciones perfectamente claras, ha elaborado bellamente esta convicción absolutista en una doctrina a la que da por nombre el de «evidencia objetiva». Si, por ejemplo, soy incapaz de dudar de que ahora estoy ante ustedes, de que dos es menos que tres, o de que si todos los hombres son mortales entonces yo también soy mortal, es porque esas cosas iluminan mi intelecto de forma irresistible. El último nivel de esta evidencia objetiva poseída por ciertas proposiciones es la *adequatio intellectus nostri cum re* [el acuerdo de nuestro intelecto con la cosa conocida]. La certeza que ofrece incluye una *aptitudinem ad extorquendum certum assensum* [una aptitud para obtener de nuestro intelecto un cierto asenso] por lo que toca a la verdad contemplada, y por parte del sujeto una *quietem in cognitione* [un callado reposo en el conocimiento], una vez el objeto ha sido mentalmente recibido, que no deja atrás posibilidad alguna de duda; y en todo el trámite no opera sino la *entitas ipsa* [la entidad misma] del objeto y la *entitas ipsa* de la mente. A nosotros, los desgarbados pensadores modernos, no nos gusta hablar en latín —desde luego no nos gusta hablar en absoluto en términos precisos—, pero, en el fondo, el estado de nuestra propia mente se parece mucho a este, siempre que nos abandonamos a nosotros mismos de manera acrítica: ustedes creen en la evidencia objetiva, y yo también. Sobre ciertas cosas sentimos que estamos en lo cierto: sabemos, y sabemos que sabemos. Hay algo que hace *clic* dentro de nosotros, una campana que da las doce cuando las manecillas de nuestro reloj mental han barrido la esfera y se encuentran sobre la hora del mediodía. Los más importantes empiristas que ha habido entre nosotros solo son empiristas si se lo piensan dos veces: cuando se abandonan a sus instintos, dogmatizan como si fueran papas infalibles. Cuando los Cliffords de este mundo nos explican cuán pecaminoso es ser cristiano tomando como base tal «evidencia insuficiente», la insuficiencia es realmente la última cosa que tienen en la cabeza. Para ellos la evidencia es absolutamente suficiente, solo que va en el otro sentido. Creen tan completamente en un orden anticristiano del universo que no hay opción viva: el cristianismo es una hipótesis muerta desde el principio.

VI

Ahora bien, puesto que todos nosotros somos absolutistas por instinto, ¿qué debemos hacer, en calidad de estudiantes de filosofía, sobre este asunto? ¿Lo abrazaremos y lo aprobaremos? ¿O lo trataremos como una debilidad de nuestra naturaleza de la que, si es que podemos, deberíamos librarnos?

Sinceramente creo que esta última manera de proceder es la única que podemos seguir como personas reflexivas. La evidencia objetiva y la certeza son sin duda ideales muy hermosos con los que moverse, pero ¿dónde han de encontrarse en este planeta iluminado por la Luna y visitado por los sueños? Yo soy, por tanto, un empirista completo hasta donde llega mi teoría sobre el conocimiento humano. Yo vivo, con toda seguridad, de acuerdo con la fe práctica de que debemos continuar experimentando y meditando sobre nuestra experiencia, ya que solo así pueden nuestras opiniones crecer en verdad; pero creo que sostener cualquiera de ellas —no me importa en absoluto cuál— como si no pudiera ser reinterpretable o corregible, es una actitud profundamente equivocada, y creo que toda la historia de la filosofía me dará la razón. No hay sino una verdad cierta de manera indefectible, y esa es la verdad que el escepticismo pirrónico deja en pie: la verdad de que existe el fenómeno presente de la conciencia. Esto, sin embargo, es el mero punto de arranque del conocimiento, la mera admisión de un asunto sobre el que filosofar. Las diferentes filosofías no son sino los muchos intentos de expresar lo que este asunto es realmente. Y si reparamos en nuestras bibliotecas, ¡cuánto desacuerdo no descubriremos! ¿Dónde ha de encontrarse una respuesta verdadera con certeza? Aparte de proposiciones abstractas de comparación (tales como que dos más dos son lo mismo que cuatro), proposiciones que no nos dicen nada por sí mismas sobre la realidad concreta, no encontramos ninguna proposición que, considerada por alguno como evidentemente cierta, no haya sido tenida por falsa por otros, o cuya verdad al menos no haya sido sinceramente cuestionada por algún otro. La superación por parte de ciertos de nuestros contemporáneos (como Zöllner y Charles H. Hinton) de los axiomas de la geometría — no en broma, sino completamente en serio— y el rechazo de toda la lógica aristotélica por los hegelianos son notables ejemplos que vienen aquí al caso.

Nunca se ha alcanzado acuerdo alguno sobre una prueba concreta de en qué consiste realmente que algo sea verdadero. Algunos consideran que tal criterio es externo al momento de percepción y lo sitúan bien en la revelación, en el *consensus gentium* (el acuerdo de todas las naciones), en los instintos del corazón o en la experiencia sistematizada de la raza. Otros hacen del momento de la percepción su propia prueba: Descartes, por ejemplo, con sus ideas claras y distintas garantizadas por la veracidad de Dios, Reid[14] con su «sentido común» y Kant con sus formas de juicio sintético *a priori*. La inconcebibilidad de lo opuesto; la capacidad para ser verificado por los sentidos; la posesión de la unidad orgánica completa o autorrelación, que se da cuando una cosa es su propio otro, son estándares que, a su vez, han sido utilizados. La muy alabada evidencia objetiva nunca está triunfalmente aquí; es una mera aspiración o *Grenzbegriff* [límite o noción ideal] que marca el ideal infinitamente remoto de nuestra vida pensante. Afirmar que ciertas verdades la poseen ahora es simplemente decir que cuando uno piensa que son verdaderas y *son* verdaderas, entonces su evidencia es objetiva; de lo contrario no lo es. Pero, en la práctica, la convicción que uno mismo tiene de que la evidencia propia lleva la marca de lo objetivo real es solamente una opinión subjetiva más añadida al montón. ¡Para qué colección tan contradictoria de opiniones se ha reclamado la evidencia objetiva y la absoluta certeza! El mundo es racional a ultranza. / Su existencia es un hecho bruto fundamental. Existe un Dios personal. / Un Dios personal es inconcebible. Hay un mundo físico extramental conocido de forma inmediata. / La mente solo puede conocer sus propias ideas. Existe un imperativo moral. / La obligación es solo el resultado de los deseos. En cada uno de nosotros existe un principio espiritual permanente. / Solo hay estados mentales cambiantes. Hay una cadena infinita de causas. / Hay una causa primera absoluta. Hay una necesidad eterna —una libertad; un propósito—. / No hay propósito alguno. Existe un Uno primordial. / Una Multiplicidad primordial. Hay una continuidad universal. / Una esencial discontinuidad en las cosas. Hay una infinitud. / No hay una infinitud. Existe esto. / Existe aquello. Desde luego no hay nada

[14] Thomas Reid (1710-1796), filósofo escocés crítico de la teoría de las ideas de Hume a la que consideraba responsable de su escepticismo, y a la que substituyó por una concepción en la que las ideas no son objetos de conocimiento directo y las sensaciones «sugieren» los objetos materiales. Abanderó la corriente denominada «filosofía del sentido común» que más tarde seguiría la escuela escocesa (NE).

que alguien no haya considerado absolutamente verdadero, mientras su vecino lo consideraba absolutamente falso; y ningún absolutista de entre todos ellos parece haber considerado nunca que probablemente el problema será siempre esencial, y que el intelecto, incluso con la verdad directamente a su alcance, podría no tener una señal infalible para saber si es verdad o no. Desde luego, cuando uno recuerda que la aplicación práctica más sorprendente que se ha hecho de la doctrina de la certeza objetiva a las cuestiones vitales han sido los concienzudos esfuerzos del Santo Oficio de la Inquisición, uno se siente menos tentado que nunca a prestar oídos respetuosos a esta doctrina.

Sin embargo, obsérvese por favor que ahora, cuando como empiristas abandonamos la doctrina de la certeza objetiva, no abandonamos por ello la búsqueda o la esperanza de la verdad misma. Todavía sostenemos con alfileres nuestra fe en su existencia, y aún creemos que ganamos una mejor posición hacia ella al continuar sistemáticamente acumulando experiencias y pensamiento. La gran diferencia frente a los escolásticos reside en la manera en que la encaramos. La fuerza del sistema escolástico reside en los principios, el origen, el *terminus a quo* (el punto de partida) de su pensamiento; para nosotros la fuerza está en el resultado, el producto, el *terminus ad quem* (el resultado final). Lo que ha de decidirse no es de dónde viene, sino a qué lleva. No le importa a un empirista de qué barrio le puede llegar una hipótesis: quizá la haya conseguido haciendo juego limpio o haciendo juego sucio; quizá la pasión se la haya susurrado, o un accidente se la haya sugerido; pero si toda la corriente de pensamiento continúa confirmándola, eso es lo que el empirista quiere decir cuando afirma que es verdad.

VII

Una puntualización más, pequeña, aunque importante, y nuestras consideraciones preliminares se habrán acabado. Hay dos formas de encarar nuestras obligaciones por lo que respecta a la opinión —formas enteramente diferentes y, con todo, formas sobre cuya diferencia la teoría del conocimiento parece hasta ahora haber mostrado muy poco interés—. *Debemos conocer la verdad* y *debemos evitar el error*, estos son nuestros primeros y más importantes mandamientos como potenciales sujetos de conocimiento; pero no son dos formas de plantear un mandamiento idéntico, son dos leyes separables. Aunque podría de hecho ocurrir que cuando creemos la verdad *A*, nos libremos como consecuencia incidental de creer la falsedad *B*, rara vez ocurre que simplemente por no creer *B* necesariamente creamos *A*. Podemos, al escapar de *B*, caer en la creencia de otras falsedades, *C* o *D*, tan malas como *B*; o podemos escapar de *B* no creyendo nada en absoluto, ni siquiera *A*.

¡Creed la verdad! ¡Evitad el error!, estas son, como vemos, dos leyes materialmente diferentes; y al elegir entre ellas podemos acabar por colorear de forma diferente toda nuestra vida intelectual. Podemos considerar la búsqueda de la verdad como algo muy principal, y el evitar el error como algo secundario; o podemos, por otra parte, tratar el evitar el error como algo más imperativo y dejar que la verdad tenga su propia oportunidad. Clifford, en el instructivo pasaje que he citado, nos exhorta a seguir la última opción. No creáis nada, nos dice, mantened la mente siempre en suspenso, en vez de incurrir en el terrible riesgo de creer mentiras al concentrarla sobre una evidencia insuficiente. Por otro lado, se puede pensar que el riesgo de caer en el error es un asunto de poca importancia, si lo comparamos con las bendiciones que conlleva el conocimiento real. De este modo, podríamos estar dispuestos a ser engañados muchas veces en nuestra investigación en vez de posponer indefinidamente la oportunidad de conjeturar la verdad. Personalmente encuentro imposible tener a Clifford como compañero de viaje. Debemos recordar que esos sentimientos de nuestras obligaciones para con la verdad y el error solo son en cualquier caso expresiones de nuestra vida pasional. Consideradas biológicamente, nuestras mentes están tan preparadas para asimilar la falsedad como la veracidad, y el que diga «¡Mejor vivir siempre sin creencia que creer una mentira!» muestra meramente su propio y preponderante horror privado a ser engañado. Podría ser crítico con la mayor parte de sus deseos y temores, pero obedece a la vez a este miedo ciegamente. No puede imaginar que nadie cuestione su fuerza vinculante. Por mi parte, también yo tengo pánico a ser engañado; pero puedo creer que en este mundo pueden ocurrirle cosas peores a un hombre. Así, la exhortación de Clifford suena a mis oídos como algo completamente fantasioso. Es como un general que informa a sus soldados de que es mejor mantenerse por siempre apartados del campo de batalla que arriesgarse a recibir una sola herida. Así no se consiguen victorias ni sobre los enemigos ni sobre la naturaleza. De seguro que nuestros errores no son cosas tan terriblemente solemnes. En un mundo donde estamos tan seguros de incurrir en ellos a pesar de toda nuestra precaución, una cierta ligereza de corazón parece más saludable que este excesivo nerviosismo por su parte. De cualquier forma, parece lo más adecuado para el filósofo empirista.

VIII

Y ahora, después de toda esta introducción, vayamos derechos a nuestro asunto. He dicho, y ahora lo repito, que en realidad no solo encontramos que nuestra naturaleza pasional influye en nuestras opiniones, sino que hay algunas opciones entre opiniones en las que esta influencia debe considerarse como un determinante de nuestra elección no solo inevitable, sino también legítimo.

Temo que algunos de mis oyentes comenzarán a olfatear el peligro, y prestarán oídos poco propicios. Desde luego se habrán tenido que admitir como necesarios dos primeros pasos de carácter pasional —debemos pensar así de modo que se evite el engaño, y debemos pensar así de modo que se alcance la verdad—; pero probablemente se considerará que el camino más seguro hacia estas perfecciones ideales es, de ahora en adelante, no dar un paso más de carácter pasional.

Pues bien, desde luego estoy de acuerdo hasta donde los hechos lo permitan. Dondequiera que la opción entre perder la verdad y alcanzarla no sea importante, podemos echar por la borda la oportunidad de *alcanzar la verdad*, y protegernos en cualquier caso de alguna oportunidad de *creer una falsedad*, no haciéndonos idea alguna sobre ningún asunto hasta que no se presente la evidencia objetiva. En cuestiones científicas e incluso en los asuntos humanos en general este es casi siempre el caso; la necesidad de actuar rara vez es tan urgente que sea mejor una creencia falsa para actuar de acuerdo con ella que no tener creencia alguna en absoluto. Los tribunales de justicia, desde luego, tienen que decidir tomando como base la mejor evidencia que se haya conseguido hasta el momento, porque el deber de un juez es tanto hacer justicia como averiguar su aplicación, y (como un juez[15] bien instruido en su profesión me dijo una vez) pocos casos merecen invertir en ellos mucho tiempo: lo importante es decidirlos de acuerdo con *cualquier* principio aceptable, y salir del paso. Sin embargo, en nuestros tratos con la naturaleza objetiva nos dedicamos obviamente a tomar nota de la verdad y no a crearla, y las decisiones tomadas con el mero objetivo de decidir con prontitud y pasar al siguiente asunto estarían completamente fuera de lugar. Los hechos de naturaleza física en toda su extensión son los que son —esto es algo por completo independiente de nosotros— y rara vez corren tanta prisa que sea necesario encarar el riesgo de ser engañados por creer una teoría prematura. Aquí las cuestiones son siempre opciones triviales, las hipótesis no están casi nunca vivas (al menos no están vivas para nosotros, los espectadores) y rara vez es obligada la elección entre creer una verdad o una falsedad. La actitud de equilibrio escéptico es, en consecuencia, la postura más completamente recomendable, si queremos librarnos de los errores. ¿De hecho, qué diferencia hay para la mayoría de nosotros en que tengamos o no una

[15] Es muy probable que James se refiera aquí a Oliver Wendell Holmes Jr. (1841-1935), profesor de Derecho de la Universidad de Harvard, magistrado del Tribunal Supremo de los Estados Unidos y miembro del Metaphysical Club de Harvard al que pertenecían también William James, Charles S. Peirce y John Dewey. El magistrado Holmes era conocido por su desconfianza hacia todo tipo de principios —incluidos los principios legales—. Su máxima de actuación como juez era que, ante cualquier caso, un tribunal debía alcanzar siempre un veredicto cuya justicia viene dada por ser el menos objetable a la vista de las posibles consideraciones pertinentes que, típicamente, son irreconciliables (NE).

teoría sobre los rayos Roentgen[16], creamos o no en la materia mental, o tengamos una determinada convicción sobre la causalidad de los estados conscientes? No supone ninguna diferencia. Tales opciones no nos son obligadas. Sea como fuere, es mejor no inclinarse por ninguna de ellas y continuar sopesando las razones *pro et contra* con mano indiferente.

Hablo aquí, por supuesto, de la mente que puramente juzga. Para los propósitos de llevar a cabo descubrimientos tal indiferencia es mucho menos recomendable, y la ciencia estaría mucho menos avanzada de lo que está si los deseos pasionales que tienen las personas de confirmar su propias creencias se hubieran mantenido fuera de juego. Véase, por ejemplo, la sagacidad de la que ahora hacen gala Spencer[17] y Weismann[18]. Por otro lado, si uno quiere tener a un absoluto zoquete en una investigación, debe elegir, después de todo, a quien no tenga ningún interés en los resultados: es el incapaz garantizado, el

[16] También conocidos como «rayos X». Toman ese nombre de su descubridor, el físico alemán Wilhelm Conrad Roentgen (1845-1923), que en 1901 recibió el premio Nobel de física por su importante hallazgo (NE).

[17] Herbert Spencer (1820-1903), filósofo y sociólogo inglés, defendió antes que Darwin un concepto de evolución basado en la herencia de caracteres adquiridos en lugar de la selección natural. Spencer fue uno de los pensadores más influyentes de la época victoriana. Su obra más importante, *The Synthetic Philosophy,* se completó en 1896 y es una síntesis de los principios fundamentales de las ciencias especiales: consta de diferentes volúmenes sobre los principios de la biología, la moralidad, la psicología y la sociología. En ella defiende la prioridad del individuo sobre la sociedad y de la ciencia sobre la religión (NE).

[18] August Weismann (1834-1914), biólogo alemán que trabajó una gran parte de su vida en la universidad de Friburgo. Su interés en la zoología, particularmente en el estudio de la metamorfosis de los insectos y en las células sexuales de los hidrozoos, se vio truncado por una grave enfermedad de la vista. No obstante, sus observaciones zoológicas —y su perspicacia investigadora que James trae aquí a colación— le llevaron a formular el primer antecedente de la teoría del ADN. En efecto, su teoría del «plasma germinal» surgió de su creencia de que las células germinales de los animales contenían algo muy valioso para las especies, que estas preservaban con máximo cuidado y transmitían de generación en generación. Weismann llegó incluso a hacer la conjetura de que el plasma germinal tenía su asiento en los que más tarde se denominarían «cromosomas» del núcleo celular (NE).

tonto positivo. El investigador más útil, porque es el observador más inteligente, es siempre aquel cuyo apremiante interés en uno de los lados de la cuestión se contrarresta con una ansiedad igualmente entusiasta que le impida llegar a engañarse[19]. La ciencia ha convertido tal ansiedad en una *technique* regular, lo que se denomina su método de verificación; y se ha enamorado tan profundamente del método que incluso podría decirse que ha dejado de preocuparse completamente de la verdad por sí misma. Lo que le interesa es la verdad en la medida en que está técnicamente verificada. La verdad de las verdades podría presentarse en una forma sencillamente afirmativa, y la ciencia declinaría incluso tocarla. Una verdad tal como esa, podría la ciencia repetir con Clifford, sería una verdad robada desafiando su deber para con la humanidad. Las pasiones humanas, sin embargo, son más fuertes que las reglas técnicas. «Le cœur a ses raisons» («El corazón tiene sus razones»), como dice Pascal, «que la raison ne connaît pas» (que la razón no conoce), y por muy indiferente que el árbitro — la inteligencia abstracta— pudiera ser a todo excepto a las puras reglas del juego, cada uno de los jugadores concretos que le facilitan los materiales para juzgar están habitualmente enamorados de alguna «hipótesis viva», la que le resulta favorita a cada uno. Convengamos, sin embargo, en que, siempre que no haya una opción obligada, nuestro ideal debería ser el intelecto que juzga desapasionadamente sin hipótesis favorita, salvándonos, en cualquier caso, del engaño.

La pregunta que surge a continuación es la siguiente: ¿no hay nunca opciones obligadas en nuestras cuestiones especulativas? ¿Y podemos (como personas que al menos pueden estar interesadas en aumentar positivamente la verdad en la misma medida en que lo están en librarse meramente del engaño) esperar siempre con impunidad hasta que se presente una evidencia coercitiva? Parece *a priori* improbable que la verdad vaya a estar tan bien ajustada a nuestras necesidades y capacidades como esto requiere. En la gran casa de huéspedes de la naturaleza, los

[19] Véase el ensayo de Wilfrid War, «The Wish to Believe», en su *Witnesses to the Unseen*, Macmillan & Co., 1893.

pasteles, la mantequilla y el sirope rara vez se presentan de manera tan coordinada y dejan los platos tan limpios. Si lo hicieran, deberíamos mirarlos, desde luego, con sospecha científica.

IX

Las cuestiones morales se nos presentan inmediatamente como cuestiones cuya solución no se puede esperar que tenga una demostración sensata. Una cuestión moral es una pregunta no sobre qué sensatamente existe, sino sobre qué es bueno o sería bueno que existiese. La ciencia puede decirnos lo que existe; pero para comparar lo que es *valioso*, tanto de lo que existe como de lo que no existe, no tenemos que consultar a la ciencia, sino a lo que Pascal llama nuestro corazón. La propia ciencia consulta su corazón cuando sienta como norma que la averiguación infinita de los hechos y la corrección de las falsas creencias son los bienes supremos para el hombre. Si se desafía esta afirmación, la ciencia solo puede repetirla como un oráculo o, a lo sumo, demostrarla poniendo de manifiesto que tal averiguación y corrección dan al hombre todo tipo de otros bienes que su propio corazón declara a su vez como tales. La cuestión de tener creencias morales o no tenerlas la decide nuestra voluntad. ¿Son nuestras preferencias morales verdaderas o falsas, o son solo un raro fenómeno biológico, que hace a las cosas —que en sí mismas son indiferentes— buenas o malas para *nosotros*? ¿Cómo puede decidir el puro intelecto de cualquiera de nosotros? Si tu corazón no *quiere* un mundo de realidad moral, es seguro que tu cabeza nunca te hará creer en él. El escepticismo mefistofélico satisfará, desde luego, los instintos lúdicos de nuestras cabezas mucho mejor de lo que puede hacerlo cualquier riguroso idealismo. Algunos hombres (incluso en su época de estudiantes) son tan naturalmente fríos de corazón que la hipótesis moralista nunca ha tenido para ellos una vida punzante y, en su arrogante presencia, el joven moralista siempre se siente incómodo. La apariencia de sabiduría está del lado de aquellos, la de *naïveté* y credulidad del suyo. Con todo, en su inarticulado corazón se agarra a que no es un incauto y a que hay un reino en el que (como dijo Emerson)[20] toda la inteligencia y superioridad intelectual de los otros no es mejor que las mañas de un zorro. El escepticismo moral no puede refutarse ni demostrarse por la lógica en mayor medida en que pueda serlo el escepticismo intelectual. Cuando nos adherimos a la idea de que *hay* una verdad (sea de una u otra clase), lo hacemos con toda nuestra naturaleza, y o bien resolvemos mantener nuestra posición o rendirnos a tenor de los resultados. El escéptico adopta la actitud dubitativa con toda su naturaleza; pero solo la Omnisciencia sabe quién de entre nosotros es más sabio.

Volvamos ahora nuestras miradas desde estas amplias cuestiones sobre lo bueno hacia cierta clase de cuestiones de hecho, cuestiones que conciernen a las relaciones personales, estados mentales entre un hombre y otro. Por ejemplo: *¿Te gusto o no?* El que sea o no así depende, en innumerables casos, de si congeniamos, de si estoy deseando suponer que debo gustarte, de si te muestro confianza y de ciertas expectativas. La fe previa por mi parte en la existencia de tu agrado es en tales casos lo que hace que ese agrado surja. Pero si me mantengo a distancia y rechazo moverme un centímetro hasta que

[20] Ralph Waldo Emerson (1803-1882), poeta y ensayista norteamericano que defendía una renovación del idealismo frente a las concepciones mecanicistas y estrictamente racionalistas. Estudiante de teología en Harvard, Emerson estaba profundamente insatisfecho con la concepción de la creencia religiosa —mantenida por la iglesia unitaria, en la que militaba— que ponía el acento en la historicidad de los milagros. Sus reflexiones sobre este punto le llevaron a la convicción de que era falsa la tesis de que el conocimiento de este mundo solo podría lograrse por medio de los sentidos y el razonamiento, en lugar de la intuición. Esa tesis no era para él solamente falsa, sino que resultaba ser moralmente inaceptable al concebir al hombre como un ser física y psicológicamente determinado, juguete de las circunstancias. Su propuesta consistía en proceder a partir de la experiencia íntima personal de la propia participación en el alma de la divinidad, que está presente en todo ser vivo y con la que se entra en comunidad con solo tomarse la molestia de proponérselo. Emerson fue una de las figuras más importantes del transcendentalismo de Nueva Inglaterra y su postura tiene afinidades con la de Swedenborg, uno de cuyos más notables seguidores fue el padre de James, el teólogo y escritor Henry James (NE).

tenga evidencia objetiva, hasta que tú hayas hecho algo adecuado, como dicen los absolutistas, *ad extorquendum assensum meum*, apuesto lo que sea a que tu agrado nunca surgirá. ¡Cuántos corazones de mujeres son vencidos por la mera insistencia optimista de algún hombre en que *tienen* que amarle! Él no consentirá contemplar la hipótesis de que ellas no pueden. El deseo de una cierta clase de verdad provoca aquí la existencia especial de esa verdad; y así ocurre en innumerables casos de otros tipos. ¿Quién obtiene promociones, mercedes, ascensos, sino el hombre en cuya vida se considera que esas cosas desempeñan el papel de las hipótesis vivas, aquel que las da por supuestas y sacrifica otras cosas en su favor antes de que hayan llegado y se arriesga por ellas de antemano? Su fe actúa sobre los poderes que están por encima de él como un reclamo, y crea con ello su propia verificación.

Un organismo social de la clase que sea, grande o pequeño, es lo que es porque cada miembro cumple con su deber confiando en que los otros miembros cumplirán simultáneamente con los suyos. Siempre que un resultado deseado se logra por la cooperación de muchas personas independientes, su existencia como hecho es la pura consecuencia de la fe precursora de cada uno de los que están involucrados en ella. Un gobierno, un ejército, un sistema comercial, un barco, una universidad, un equipo de atletismo, todo existe merced a esta condición, sin la cual no solo nada puede conseguirse, sino que nada ni siquiera se intenta. Todo un tren de pasajeros (cada uno de los cuales, tomado de manera individual, es suficientemente valiente) será saqueado por una partida de bandoleros, simplemente porque estos últimos pueden contar unos con otros mientras cada pasajero teme que, si hace un movimiento de resistencia, le dispararán antes de que algún otro de los pasajeros le apoye. Si creyésemos que todo el pasaje se iba a levantar a la vez con nosotros, todos nos levantaríamos al mismo tiempo y, de este modo, ni siquiera se hubiera intentado nunca asalto alguno a un tren. Hay entonces casos en los que un hecho no puede ocurrir en absoluto a menos que exista una fe previa en que va a ocurrir. *Y donde la fe en un hecho puede ayudar a que este se produzca*, sería una lógica insensata la que afirmara que la fe que precede a la evidencia científica es la «más baja clase de inmoralidad» en la que un ser pensante puede caer. ¡Y, sin embargo, tal es la lógica a través de la que los absolutistas científicos pretenden regular nuestras vidas!

X

En el caso de las verdades que dependen de nuestra acción personal, la fe basada en el deseo es una cosa ciertamente legítima y posiblemente indispensable.

Pero claro, se dirá que esos son todos ellos casos humanos pueriles, y que no tienen nada que ver con los grandes asuntos cósmicos, como la cuestión de la fe religiosa. Pasemos entonces a ello. Las religiones difieren tanto en sus aspectos accidentales que al discutir la cuestión religiosa debemos considerarla de forma genérica y amplia. ¿Qué queremos decir entonces cuando hablamos de la hipótesis religiosa? La ciencia dice que las cosas existen; la moralidad dice que algunas cosas son mejores que otras; y la religión dice esencialmente dos cosas.

Dice, en primer lugar, que las mejores cosas son las más eternas, las que se solapan con las demás, las cosas del universo que arrojan la última piedra, por así decirlo, y dicen la última palabra. «La perfección es eterna»; esta frase de Charles Secrétan[21] parece una buena forma de expresar esta primera afirmación sobre la religión, una afirmación que obviamente no puede ser verificada de forma científica en absoluto.

La segunda afirmación de la religión es que nos va mucho mejor, incluso ahora, si creemos que su primera afirmación es verdadera.

Ahora bien, consideremos cuáles son los elementos lógicos de esta situación *en el caso de que la hipótesis religiosa sea realmente verdadera en sus dos ramas*. (Por supuesto, debemos admitir esa

[21] Charles Secrétan (1815-1895), filósofo suizo discípulo de Schelling en Múnich y profesor de filosofía en las universidades de Lausanne y Neûchatel. Su objetivo filosófico era construir una religión racional que reconciliase el cristianismo con los principios de la metafísica (NE).

posibilidad desde el principio. Si vamos a discutir la cuestión a fondo debe involucrar una opción viva. Si para alguno de ustedes la religión es una hipótesis que no puede, de acuerdo con ninguna posibilidad viva, ser verdadera, entonces no hay necesidad de avanzar más allá. Hablo solo para el «resto que admite la hipótesis religiosa»). Procediendo de esta manera vemos, en primer lugar, que la religión se nos ofrece a sí misma como una opción *importante*. Se supone que ganamos, incluso en este mismo momento, en virtud de nuestra creencia, y que perdemos, también en virtud de nuestra no creencia, un cierto beneficio vital. En segundo lugar, la religión es una opción *obligada*, por lo que respecta a tal beneficio. No podemos librarnos de tomar una decisión manteniéndonos escépticos y esperando tener más claridad porque, aunque de esa manera evitemos el error *en el caso de que la religión no fuera verdadera, si la religión fuera verdadera*, perderíamos el beneficio de manera tan cierta como si positivamente eligiéramos no creer. Es como si un hombre debiera dudar indefinidamente si pedirle a una mujer que se case con él porque no está absolutamente seguro de que resultase ser un ángel una vez que la ha llevado a vivir consigo. ¿No se excluiría de forma tan decisiva de esa particular posibilidad de casarse con un ángel como si se fuera y se casase con otra? El escepticismo, entonces, no tiene como consecuencia el evitar la opción; se trata más bien de la opción por una cierta clase particular de riesgo. *Mejor arriesgar la pérdida de la verdad que la posibilidad de error*, esa es la posición exacta del que pone veto a la fe de todos ustedes. Esa persona está jugando su apuesta tan activamente como el creyente; sale a la palestra para atacar la hipótesis religiosa del mismo modo que el creyente sale a la palestra para apoyarla. Predicarnos el escepticismo como un deber hasta que se encuentre la «evidencia suficiente» para la religión, equivale por tanto a decirnos, cuando estamos ante la presencia de la hipótesis religiosa, que rendirse ante nuestro miedo de estar en un error es más sabio y mejor que rendirnos ante la esperanza de que pudiera ser verdad. Por consiguiente, no estamos ante una lucha del intelecto contra las pasiones, se trata solo del intelecto acompañado de una pasión que quiere dejar asentada su ley. Y, por cierto, ¿en virtud de qué está garantizada la suprema sabiduría de esta pasión? Engaño por engaño, ¿qué demostración hay de que el engaño proveniente de la esperanza sea mucho peor que el engaño proveniente del miedo? Yo, por mi parte, no puedo ver demostración alguna; y simplemente rechazo obedecer las órdenes del científico para imitar su tipo de opción en un caso en el que mi propia apuesta es lo bastante importante como para que se me conceda el derecho a elegir mi propia forma de riesgo. Si la religión fuera verdadera y la evidencia a su favor fuera aún insuficiente, no quiero perder, por dejar que vuestro cortafuegos prevalezca sobre mi naturaleza (lo cual me hace sentir que tiene algún interés en este asunto), mi única posibilidad en la vida de ponerme del lado ganador, esa oportunidad que depende, por supuesto, de mi voluntad de correr el riesgo de actuar como si mi necesidad pasional de tomar el mundo religiosamente pudiera ser a la vez profética y correcta.

Todo esto depende de la suposición de que tal necesidad pasional puede ser realmente profética y correcta, y que, incluso para nosotros que estamos discutiendo el asunto, la religión es una hipótesis viva que puede ser verdadera. Ahora bien, para la mayoría de nosotros la religión viene todavía de una forma adicional que veta nuestra fe activa incluso de manera más ilógica. El aspecto más perfecto y más eterno del universo se representa en nuestras religiones como si tuviera forma personal. Si somos religiosos el universo ya no es para nosotros un mero *Ello*, sino un *Tú*, y cualquier relación que pudiera ser posible de persona a persona podría ser posible aquí. Por ejemplo, aunque en un sentido somos partes pasivas del universo, en otro sentido mostramos una curiosa autonomía, como si fuéramos pequeños centros activos por nuestra propia cuenta. Sentimos, también, como si la atracción de la religión sobre nosotros se ejerciera sobre nuestra propia buena voluntad activa, como si la evidencia pudiera sernos siempre negada a no ser que saliéramos al encuentro de la hipótesis a medio camino. Consideremos un ejemplo trivial: exactamente igual que a un hombre que, estando entre caballeros, no diera un paso adelante sin pedir una garantía para cada concesión y no creyera en la palabra de nadie sin pruebas se le aislaría, en virtud de un comportamiento tan grosero, de todas las recompensas sociales que un espíritu más confiado lograría, así también, alguien que se encerrara en una lógica enmarañada e intentara obligar a los dioses a arrancarle su reconocimiento de buen grado o por la fuerza, o bien no lo conseguirá en absoluto, o podría privarse para siempre de su única oportunidad de conocer a los dioses.

Este sentimiento —obligado en nosotros y cuya fuente no conocemos—, en el que por la obstinada creencia en que hay dioses (aunque no creer eso sería tan fácil para nuestra lógica y nuestra vida) estamos haciendo al universo el servicio más profundo que podemos, parece ser parte de la esencia viva de la hipótesis religiosa. Si la hipótesis *fuese* verdadera en todas sus partes, incluyendo esta, entonces el puro intelectualismo, con su veto a nuestro construir avances a golpe de voluntad, sería un absurdo; y se requeriría lógicamente alguna participación de nuestra naturaleza simpatética. Por tanto, no puedo ver por mi parte cómo aceptar las reglas agnósticas para la búsqueda de la verdad, o estar de acuerdo de buen grado en mantener mi naturaleza volitiva fuera de juego. No puedo hacerlo por esta simple razón, que *una regla de pensamiento que me impidiera completamente conocer ciertas clases de verdad, en el caso de que esas clases de verdad existieran realmente, sería una regla irracional*. Eso es para mí lo esencial de la lógica formal de la situación, sin importar de qué clases de verdad se trate materialmente.

Confieso que no veo cómo se puede escapar a esta lógica. Pero la triste experiencia me hace temer que algunos de ustedes todavía podrían no tener valor para decir conmigo, *in abstracto*, que tenemos el derecho a creer a riesgo personal cualquier hipótesis que esté lo suficientemente viva para tentar a nuestra voluntad. Sospecho, sin embargo, que, si esto es así, lo es porque se habrán alejado ustedes completamente del punto de vista lógico abstracto, y están pensando (quizá sin darse cuenta) en alguna hipótesis religiosa particular que para ustedes está muerta. La libertad de «creer lo que queramos» la aplican ustedes al caso de alguna superstición evidente; y la fe en la que piensan es la fe definida por el colegial cuando dijo aquello de «Fe es cuando crees algo que sabes que no es verdadero». Yo solo puedo repetir que esto es una mala comprensión.

In concreto, la libertad para creer solo puede cubrir opciones vivas que el intelecto del individuo no puede por sí mismo resolver; y las opciones vivas nunca le parecen absurdos al que tiene que considerarlas. Cuando miro la cuestión religiosa como realmente se les presenta a los hombres concretos, y cuando pienso en todas las posibilidades que envuelve tanto práctica como teóricamente, entonces esta orden de que pongamos un tapón en nuestro corazón, instintos y coraje, y *esperemos* —actuando mientras tanto, por supuesto, más o menos como si la religión *no* fuera verdadera—[22] hasta el día del juicio final, o hasta un momento tal que nuestro intelecto y nuestros sentidos, trabajando juntos, puedan haber escudriñado evidencia suficiente; esta orden, opino yo, me parece el más extraño ídolo nunca fabricado en la caverna filosófica. Si fuéramos absolutistas escolásticos, cabría una mayor excusa. Si tuviéramos un intelecto infalible con sus certezas objetivas, podríamos sentir que somos desleales hacia un órgano tan perfecto de conocimiento al no confiar exclusivamente en él, en no esperar por su palabra liberadora. Pero si somos empiristas, si creemos que no suena ninguna campana dentro de nosotros que nos permita saber con certeza cuándo la verdad está a nuestro alcance, entonces parece algo ocioso la fantasía de predicar tan solemnemente nuestro deber de esperar por la campana. Desde luego, podemos esperar si queremos —espero que no piensen ustedes que estoy negando tal cosa—, pero si lo hacemos, lo hacemos por nuestra cuenta y riesgo y en la misma medida que si creyéramos. En cualquier caso, *actuamos* tomando nuestra vida en nuestras manos. Ninguno de nosotros debe poner vetos a los

[22] Puesto que la creencia se mide a través de la acción, el que nos prohíbe creer que la religión es verdadera, necesariamente también nos prohíbe actuar como deberíamos si creyéramos que es verdadera. La completa defensa de la fe religiosa descansa sobre la acción. Si la acción requerida o inspirada por la hipótesis religiosa no es de ninguna forma diferente a la dictada por la hipótesis naturalista, entonces la fe religiosa es una pura superfluidad y haríamos mejor expurgándola, y la controversia sobre su legitimidad es una nimiedad ociosa, insignificante, algo de lo que no merece la pena que se ocupen mentes serias. Yo mismo creo, por supuesto, que la hipótesis religiosa da al mundo una expresión que específicamente determina nuestras reacciones, y las hace en gran parte diferentes de las que podrían ser en un esquema puramente naturalista de creencia.

demás, ni intercambiar palabras insultantes. Debemos, por el contrario, respetar de manera delicada y profunda la libertad mental del otro: solo entonces traeremos la república intelectual; solo entonces tendremos ese espíritu de íntima tolerancia, la gloria del empirismo, sin la cual toda nuestra tolerancia externa carece de alma; solo entonces viviremos y dejaremos vivir, tanto en los asuntos especulativos como en los prácticos.

Comencé con una referencia a Fitz James Stephen; permítanme terminar con una cita suya. «¿Qué piensas de ti mismo? ¿Qué piensas del mundo? [...] Estas son preguntas con las que todos debemos lidiar como mejor nos parezca. Son los enigmas de la Esfinge, y de una forma u otra debemos lidiar con ellos [...] En todas las vicisitudes importantes de la vida tenemos que dar un salto en el vacío [...]. Si decidimos dejar los enigmas sin resolver, se trata de una elección; si vacilamos a la hora de dar nuestra respuesta, se trata también de una elección; pero hagamos la elección que hagamos, la hacemos por nuestra cuenta y riesgo. Si una persona elige dar la espalda a Dios y al futuro, nadie puede evitarlo; nadie puede mostrar más allá de la duda razonable que está en un error. Si una persona piensa y actúa como piensa, no veo que nadie pueda demostrar que está en un error. Cada uno debe actuar como considere mejor; y si está equivocado peor para él. Estamos en un puerto de montaña en medio de un remolino de nieve y una niebla cegadora a través de la cual vislumbramos aquí y allá retazos de senderos que pueden ser engañosos. Si nos quedamos quietos nos congelaremos hasta morir. Si tomamos el camino equivocado, acabaremos despedazados. No sabemos con seguridad si hay algún camino correcto. ¿Qué debemos hacer? "Sé fuerte y ten coraje". Actúa en aras de lo mejor, espera lo mejor, y acepta lo que venga [...]. Si la muerte pone fin a todo, no podemos ir a su encuentro de mejor manera»[23].

[23] *Liberty, Equality, Fraternity*, p. 353, segunda edición, Londres, 1874.